JESUS ORDAZ

Mi Pequeña

Gran Casualidad

**H0l2 l3c7or t3 0fr3zc0 un2 disculp2 p0r mi5
3rr0r35 d3 0rt0gr2fí2 ;3**

Escritos Con Vida

Autor: Ordaz Fuentes, Martin Jesus

"mi pequeña gran casualidad"

Área: Poético

Formato: 14 x 21   Páginas: 210

Contacto: escritosconvida@gmail.com

Segunda edición 2020

JESUS ORDAZ

"Mi Pequeña Gran Casualidad"

SÍGUEME EN

@EscritosConVida

@EscritosConVida

@EscritosConVidaOficial

*Para La Persona Más Importante, Aquella Que
Me Enseñó A Compartir Mi Felicidad, La Felicidad
De Ambos Para Juntos Hacer, Naranjada Toda La Vida
Para Mi Pequeño Navío Perdido Atte. El
Faro De La Costa.*

Indice

Acerca Del Autor

Hola lector, te cuento que esta parte no la tenía pensada así, quería que personas que me conozcan llenaran esta sección, pero en la segunda edición quiero que seas tú el que me ayude a llenar esta parte, porque no soy muy bueno, contando como soy o quien soy, solo soy un chico de 20 años que un día decidió no guardarse lo que pensaba, desesperadamente buscaba alguien que lo escuchara, pero nadie estaba, entonces se le ocurrió una increíble idea, en primera instancia esto empezó como un diario, si lo se probablemente pienses que solo son para mujeres, pero la verdad es que no, créeme escribir en estas hojas me ha dado mucha fortaleza, una cierta parte la quemé para perdonarme a mí y perdonar a los que en su día me lastimaron, no sé qué día esto paso de ser un simple diario, a algo maravilloso, un libro, que me gustaría que la gente que se siente igual que yo, de alguna manera entienda que no está solo o sola, que somos un gran grupo y que juntos somos uno, una gran voz en todo lo alto, mi proyecto cuenta mi vida a finales de mis 17 años y a principios de mis 20 años, hay cosas aquí plasmadas que aún me cuestan leer y me deprimen pero también hay otras que no mas leerlas ya me alegran, hoy querido lector quiero compartir mi vida contigo, talvez no sea el chico más guapo de la clase, el chico más fiestero, pero al menos puedo decir con orgullo que todo lo que he vivido no es más que el camino que me ha de llevar a este preciso momento, y sobre todo a mi fortuna que más adelante les contaré a que me refiero, muchas gracias por todo y por tanto, les quiere el faro de la costa.

Prólogo

Querido lector:

Hola tal vez no me conoces, me llamo
Jesús, agradezco que hayas tomado la
molestia de interesarte en mí, soy un chico
que un día decidió escribir en papel, sus
sentimientos las cosas que nacía y sentía de
una manera anónima, encontré en las hojas
el confesionario perfecto, para expresar mi
dolor, mi amor, mis logros y todo lo que
rodea a este joven de 20 años, que
comenzaba a tropezar por las piedras de la
vida, aprendiendo de cada golpe una

nueva enseñanza para mejorar, pero obvio no pude solo, tengo una familia enorme, nunca me dejaron de apoyar, he contado con ellos en numerosas veces y me motivan a mejorar para un bien, estoy feliz y no porque me allá encontrado al amor de mi vida no aún no, ese lugar a un sigue vacante probablemente está leyendo esto sin saber que algunos textos son para ti, sin saber que me gustas tanto y daría todo por ti, me hago a la idea en que por el camino que voy te encontrare o a lo mejor ya lo hice y solamente me falta valor para decírtelo.

Esta vida puede ser contada de muchas maneras;

¿Sabrás Diferenciar La Realidad De La Ficción?

Por un lado tenemos al héroe de esta historia protagonizado en cada una de las frases que aquí plasmadas dejo, aunque yo digo o mueres como un héroe o vives lo suficiente para verte convertido en un villano, la otra opción nos cuenta la historia, las aventuras y cadenas que persiguen a este chico de 17 años, 20 años según la línea de tiempo o te tengo otra TÚ querido lector construirás una a base de los hechos que pronto leerás, no te entretengo más, eso si te aviso una vez que empieces, no pararas de leer hasta acabarlo, nuevamente te agradezco por haberme escogido, yo soy un necio con tinta, escritos con vida, disfrútalo está hecho con mucho sentimiento.

"Cada Segundo Es Un Regalo"

Jesús Ordaz.

"A veces cuando me siento muy solo me gusta beber café de mi taza trasparente con un corazón rojo en ella"

Amor

Loco

Últimamente, No sé qué me pasa tal vez
me hace falta ese amor con el que tanto
sueño cuando me voy a dormir,

Llevo un buen rato esperándola y no llega
esa persona a la que tanto amo, realmente
me hace falta que me abracen y que me
digan lo mucho que me quieren, escuchar
salir de esos labios un te quiero tan sincero
que me haga sentir vivo y aferrarme a esta
vida, cuantas veces he intentado tener una
relación seria con alguien, cada vez que lo
intento solo puedo escuchar salir de esos

labios solo te veo como amigo, ¡madre mía, he vuelto a caer!, entonces todas esas lindas palabras fueron solo un par mas de tus mentiras, solo me ilusionaron y jugaron conmigo igual que un juguete, tal vez soy demasiado idiota o simplemente muy honesto. John Lennon decía;

"Que La Vida Es Aquello Que Te Sucede Mientras Tú, Estas Ocupado Planeando Otras Cosas"

Aún no pierdo la esperanza chica, aún te sigo buscando, no te encuentro tal vez seas ella, pero no me explico porque no tengo el valor para decírtelo, tal vez el miedo a perderte, a lo mejor siempre fuiste mi cielo y no me dado ni cuenta, correría hasta donde estas para abrazarte, pero no me vez de esa forma, solo soy para ti un amigo puede que me esté equivocando, pero algo si se, si ser lo me permite estar cerca de ti, estar a tu lado, vivir esta vida contigo, me es suficiente pero pronto ni su amigo sea gracias a ese intruso que ahora murmura en tu oreja, se metió en medio de lo que tenemos tú y yo, pero una cosa si dejo claro nadie podrá separarnos.

"No Me Sueltes, No Quiero Despertar"

Desamor

Distancia

Cada vez más te siento lejos de mí, realmente ya no te siento como antes, ya no veo esos buenos días, ¿Cómo amaneciste?,

Rayos como extraño esos pequeños detalles que teníamos siento que ya me buscaste remplazo que hay alguien más capaz de hacer lo que yo hacía por ti, la verdad si te he fallado dímelo no quiero perderte, pero tampoco te obligare a quedarte, no digo que no me va a doler, llorare y no parare de llorar, los días se me tornaran amargos, tal vez regrese con mis intentos de querer acabar con mi vida, porque tú eres la razón por la que me levanto todas las mañanas, muchos dirían que es el camino fácil que es lo mejor, pero no, no lo haré no te preocupes por eso, perdóname por haberte fallado o por no ser lo suficiente para aliviar tu dolor, tú misma me dijiste que esto no duraría para siempre pero no te creí, realmente sigo creyendo que duraremos años y creceremos juntos como los buenos amores que somos, te adoro bastante,

ahora al escribir, estoy súper dolido y lleno de enojo porque ese idiota te está apartando de mí, pase lo que pase no le haré nada, es mucho más probable que amanezca muerto yo que él, no quiero hacerte sentir mal, te extrañare todos los días, este amor que tengo no morirá tan fácil, puede que primero me consuma el dolor de haberte perdido.

"Sin Duda No Encontrare A Nadie Como Tú"

Desamor

¿Por qué?

Ya no puedo, ya no aguanto más, en este momento no se si darte las gracias o pedirte perdón, culpo al mundo porque esta historia tan hermosa se encuentre con un punto final.

La verdad no sé qué hice para merecer tal desprecio, a lo mejor dije algo que no te gusto, que no te agradó, puede que te halla asustado con tantas palabras bonitas, o precisamente decir que te extraño, mira yo soy así y no puedo cambiar como soy, muy tierno con las personas que quiero y son importantes en mi vida, no sé qué es lo que pienses porque no soy adivino, ojala lo fuera y estudiarte para saber lo que quieres, tampoco no quiero molestarte con mensajes todo el rato, no soy así solo provocaría que te alejaras más de mí, la verdad solo quiero saber que fue eso tan malo que hice, que haya provocado que dejemos de hablar, de verdad me gusta hablar contigo y me divierto, me agrada saber de ti y ayudarte a entender tus problemas o aconsejarte, darte una parte de mí, con mis pensamientos y es que no lo entiendo como un día para otro cambio la manera de hablarnos, quiero recuperar lo que teníamos, quiero recuperarte y sino solo dime en que te falle, esta historia tiene un buen inicio, porque ha de tener un final tan malo, fue tan grave decir que te extrañaba, no se me ocurre otra cosa que sea la razón de porque no me hablas, te pido perdón si me equivoco,

También lamento haberte defraudado no quería espantarte, solo fui yo, que error cometí, no quiero ser repetitivo, es difícil continuar si tú no estás, ya no tengo la idea de cómo terminar con esta situación, quiero arreglarlo de alguna manera.

"Solo Dejare De Escribir Y Dejare Que El Viento Decida Mi Destino"

Que Tal...

Verdad que no, se siente bonito que no te respondan los mensajes,

Que te hablen después de varias horas como si no hubiera pasado nada y uno tan pendiente de ti, y te contesta de inmediato casi como a la velocidad de la luz, pero claro yo siempre soy tu última opción, jamás soy tu prioridad, a mi si háblame después, total siempre voy a estar aquí, yo te responderé al instante casi de inmediato, como quisiera que fueras conmigo, como eres con él, me duele y muchísimo, odio como me tratas desde que el llego a tu vida, lo prefieres más a él,

Me sigo preguntando si todas esas normas eran para ambos o solamente para mí, donde quedaron aquellas promesas, solo fueron palabras vacías sin hechos ni razones, son puras mentiras, no te odio, solo estoy confundido, yo te quiero bien, daría todo porque al menos me voltearas a ver tanto como lo haces con él, por tener un poco de tu atención, estaría dispuesto a todo, estaría dispuesto a hacer todo de ti, porque lo que siento por ti va más allá que cualquier amor conocido,

Me encuentro tan enamorado, no puedo hacer nada, porque no quiero arriesgar tu felicidad, para mejorar mi triste mundo de color gris, deseo que me des una caja de colores para yo así pintar esta vida a todo colores, para pintarlo a mi manera y ser feliz contigo a tu lado, pero eso nunca pasará, y lo sé es todo un hecho que no será así, tal como yo quiero, solo es una idea de tantas que he tenido y todas ellas tienen que ver contigo, no pienses mal, todo lo que pienso sobre ti es puro y noble, me gusta imaginar mi mundo preferido porque ahí tú y yo estamos juntos, tenemos una gran vida apartada de este mundo que es la realidad.

"Pero Solo Es Un Sueño"

No Puedo Olvidarte

Tengo unas ganas de salir corriendo hacia donde tú te encuentres y decirte todo lo que siento por ti,

Decirte, te amo que no he dejado de hacerlo, desde el momento en el que te vi pasar en aquella esquina donde nos conocimos, decirte que quiero una vida contigo, de igual manera decirte todo el dolor que guardo, me haces sufrir de una manera inimaginable, realmente me gustas, pero no puedo, hacer nada, más que quedarme en silencio con mi amor, no quiero arruinar lo bonito que tienes, ahora con mis sentimientos sin importancia, pero todo cambia cuando te veo, veo esa sonrisa que adorna tu cara y por un momento soy feliz,

Me olvido de este mundo que tanto me a tormenta, termina y regreso al mundo gris que mi vida es, viéndote desde abajo ser feliz con alguien más, a ese joven que le dedicas tus días enteros, con el que pasas los días más importantes, al que le das cada uno de tus dulces besos, al que le das cada uno de tus cálidos abrazos que harían que cualquier hombre,

Se enamore perdidamente de ti, y no te culpo, me culpo a mí y solo a mí, que el que cometió el error fui yo, y te preguntaras que error, el de enamorarme locamente y perdidamente de ti y uno más grande no valorar lo mucho que tenía contigo, ahora solo me dedico a extrañarte recordando cuando éramos felices, recordando cada uno de nuestros bellos momentos, éramos la pareja perfecta o eso creía hasta ahora, me acuesto y no hago otra cosa más que pensar en ti, sufro en silencio, ahí donde nadie pueda escuchar como este pobre corazón llora por ti cada noche, pero repito no te tienes la culpa que me allá enamorado de tan espectacular mujer.

"Los Recuerdos De Ti, Seguirán En Mi Memoria"

Amor

Ella

Te miro y no puedo

dejar de ver tu hermosa sonrisa, cruzamos miradas, y no se me ocurre mejor idea que corresponder de la misma manera,

 Me haces sentir como un niño, me fascina verte, cantar, bailar, leer, lo haces sin ninguna pena alguna al qué dirán y eso me encanta de ti, cada día me siento más enamorado de ti, eres linda, divertida, inteligente, creativa, entiendes las tonterías que digo y te ríes conmigo no de mí, cuento cada uno de nuestros abrazos, porque son tan cortos que cuando los recuerdo los convierto en eternos, son el lugar perfecto para sanar las heridas y gracias a todo lo que haces, he forjado un mejor corazón, cálido para que tú puedas vivir en él, y que de la misma manera sea un lugar donde segura tú estés, yo te cuidare, no dejare que nadie te lastime, no importa, que tan lejos este, estaré a tu lado, solo piensa en mí, cada que sola te sientas, adornaremos este mundo gris, a todo colores posiblemente, de un verde, un amarillo o un azul, un morado quizás o tal vez nuestras vidas sean como un arcoíris,

Porque esta historia no tiene ningún final, porque esto que tenemos nunca terminará, por mucho que nos tire la vida, nos levantaremos con más fuerzas, y seguiremos adelante juntos, quiero que seas parte de mí, tanto como para aferrarme a esta vida y seguir luchando por ti, quiero darte lo mejor, te lo mereces, eres una niña tan increíble que se me hace imposible dejarte, eres el amor de mi vida.

"Te Miro Y No Me Creo Que Este

Despierto"

Tú Siempre Si

Estoy cansado de siempre yo cambiar, me acostumbre a cambiar por ti,

Ya no reconozco a aquel chico, he cambiado tantas veces, y la razón es porque no he querido perderte, pero siempre nos hemos dicho todo lo que no nos parece, todo aquello que no nos agrada, y esta ocasión no debe de ser la excepción, nunca nos hemos callado las cosas, nos apuñalamos de frente, nunca de espaldas es más tú cuidas la mía como yo la tú ya, por más que hago, por más que rompo mis limites una y otra vez, no te es suficiente, percibo que me quieres alejar hiriéndome, lastimándome, pero no lo entiendes no te ha quedado claro, por más dolor que me hagas sentir este corazón seguirá queriéndote incluso más que el primer día, en el que nuestras vidas se unieron, no dejare de amarte como lo hago,

Porque soy autentico, yo soy real, no seré nunca una piedra en tu zapato de la cual te quieres deshacer, soy más una clase de joya en tu habitación, y por mucho ego que suene, realmente no sé cómo describirlo, eres parte fundamental en mi vida, y siento que si un día desapareces no podré seguir sino estás a mi lado, si te llego a eliminar de mi vida, todo lo que soy se destruirá quedará, la cascara del chico introvertido e incomprendido que nunca demostré contigo, estoy seguro de que soy más que eso, puede decir que soy otra persona o mucho mejor aún soy la mejor versión de mí, desde que te conocí, pero te repito aquí y ahora, no te libraras de mí tan fácil, luchare y luchare cada segundo que yo pueda, mi mundo gira alrededor de ti,

miento mi mundo no gira alrededor de ti
¿sabes porque?.

"Porque Tu Eres Mi Mundo"

La Escalera

Existen personas que mientras subes en tu escalera llamada vida, otros la conocen como éxito,

No podrán seguir tu ritmo, no podrán subir contigo, optarán por bajar las escaleras o quedarse ahí esperando que alguien las rescate porque según en su lógica ya no eres lo que necesitan, dejaste de ser importante, ya sea como amigo, como pareja o lo que sea que hayan sido, solo los que queden serán aquellas que siempre estuvieron ahí, que siempre te ofrecieron su mano cuando más necesitaste a alguien, amigos, hermanos, que ahora son familia y muy posiblemente mientras vas subiendo encuentres a ese alguien a quien llamaras el amor de tu vida, no te preocupes lo encontraras te tardaras el tiempo que tengas que tardarte, no te rindas sigue inténtalo, si te caes cien veces las cien veces te levantas con más ganas de intentarlo y dar lo mejor de ti, solo el verdadero tesoro quedara, las piedras falsas caerán.

Pero habremos otras que se dan cuenta de lo que perdieron y comienzan a subir hasta ser notadas de nuevo por la persona que abandonaron, empezando de cero claro volviendo desde un inicio a construir aquella confianza que existió y que alguna vez quedo olvidada a lo lejos, todo por falta de visión, todo por querer algo mejor, pero uno no se da cuenta que ya tenía eso que llama algo mejor, que tenía un diamante y lo cambió, por aquella baratija brillante que le robo la mirada en su caminar del día a día, hoy estoy decidido a

recuperarte cueste lo que me cueste,
lamento haberme ido, no volveré alejarme.

*"Ya Es Demasiado Tarde, Puesto Que Ya
Estás Tan Arriba Que Se Me Es Difícil
Alcanzarte"*

Amor

Celos

No puedo creer qué estando a estas alturas aún tenga celos de aquel chico, creí que ya había pasado,

Pensé que había superado esto, esta fase, pero qué te puedo decir realmente nunca lo hice, únicamente me deje engañar pensando que podría hacerlo, sé que está mal sentirme así, pero cómo quieres que me sienta sino dejas de presumirme en la cara lo supuestamente feliz que eres desde que terminamos, no puedo superarte te sigo amando puedo decir que más, mucho más que el primer día, es cierto eso que dicen no valoras lo que tienes hasta que lo pierdes, no está demás decir que te extraño has puesto una distancia entre tú y yo una tan grande que es imposible verte del otro lado, quiero volver a verte, salir contigo,

Como lo hacíamos antes ir al cine, ir a comer, ir a tu restaurante favorito, escuchar tu Playlist, pero todo eso quedó atrás todo lo eche a perder con mis celos sin sentido, bueno quién diría que te fueras con él, tanto que te celaba puede que lo hayas hecho por karma por venganza o para enseñarme una lección, pero no lo sé, tuve razón todo el tiempo, quizás estoy obsesionado contigo, que suelo inventar cosas, una cada vez más loca que otra, aún guardo la esperanza en que regreses pero pronto abandonaré la misión y dejaré que un nuevo amor entre mi vida, uno tan cálido y acogedor que me haga posible olvidarme de ti.

"Te Superaré, Juro Que Lo Haré"

Desamor

Abatido

Cada día me esfuerzo más para mejorar por ti, he cambiado tantas veces que ya ni puedo recordar,

Aquel chico que era, feliz con muy poco, podre estar sonriendo por las mañanas, pero no es más que una mentira, realmente estoy mal, me siento como una basura a la cual no quieres, me tienes de un lado para otro, me tienes a tus pies, mientras más me encariñé contigo, más difícil se me hace dejarte Y es que esta situación tan complicada me tiene así, me tratas bien cuando quieres, la mayor parte del tiempo eres fría, tengo que seguir tus reglas o habrá consecuencias, estoy cansado de todo esto, es muy agotador para mí, yo le pongo las ganas, todas a decir verdad, no veo acción de tu parte, ni siquiera el diez por ciento,

Me imagino que te importa poco si me pierdes o no, pensar en la idea de que no valgo nada, me pone melancólico estoy cansado de ser yo el que se disculpa por todo, aunque no haya tenido la culpa, hoy te hice frente, estoy cansado de cómo me tratas, te extraño, a tu yo del pasado, no a la persona qué te has convertido, extraño a la que si le importaba, a la que sí me quería, cuánto han cambiado las cosas desde entonces, me dueles, te quiero, pero no sé qué podrá más sí mi tolerancia o mis ganas de ser feliz.

"Quiéreme Como Yo Te Quiero"

Amor

Luz

Siempre ha sido esa luz en mi vida, la que brilla tan fuerte que aleja las nieblas que me a atormentan,

la que alumbra como un faro cuando la oscuridad me reclama, eres mi luz al final del pasillo, con la encuentro una paz interna porque me siento tan bien me siento yo mismo, ya no tengo que fingir cómo lo hecho, no tengo que fingir mis emociones contigo, porque lo que me haces sentir es tan real, que no había conocido nunca nadie como tú y es eso no hay nadie como tú, nadie es tan pura y buena, cuando la vida me dé de palos tú estarás ahí, tú extenderás tu mano y me levantarás del piso donde la vida cobrara a diestra y siniestra,

Gracias a ti me levanto todas las mañanas eres mi motivación, por ti lucho, cada día, cada noche, no dejare de agradecerle a esta vida por tu existencia, le agradezco a dios para acomodarte en mi camino, podría decir qué el qué te salvó fui yo pero no es así tú me rescataste del hoyo donde la soledad me arrojo, me enseñaste lo que es tener a alguien que te quiere y da todo por la persona que le importa, nunca pares de hacer lo que haces por mí no me dejes solo, porque sin ti me consumiría la oscuridad qué tanto pide a gritos que me una a ella, pero contigo soy más fuerte espantando con tu luz todo lo malo que me rodea.

"Eres lo Primero Que Pienso Cuando Me Levantó"

Mariposa

Realmente me siento enamorado de ti, no puedo dejar de pensarte,

 Quiero ir muy rápido corriendo hacia donde te encuentres, agarrarte de la mano y dar un paseo a donde sea, mientras sea a tu lado, todo será bueno, que digo bueno, increíble, tengo unas ganas enormes de gritar a los cuatro vientos lo mucho que me gustas, que te amo, gritar tu nombre, hacerle saber a todo el mundo, de lo nuestro, contarles nuestra historia, me encuentro tan enamorado, cada día te mando un mensaje diciéndote cosas muy lindas, pero no quiero agobiarte con tanta palabrería de este joven enamorado, muero de ganas de hacerlas realidad, quiero una vida contigo, quiero sentirte, quiero hacer un montón de cosas contigo,

Solo pensar en eso me hace tan feliz y me llena de tan alegría, que si vieras mi cara en estos precisos momentos vieras la enorme sonrisa que tengo y eso es gracias a ti, me haces sentir cosas muy bonitas, cosas que con nadie había sentido, y es que cuando hablo contigo puedo ser yo mismo me siento tan yo, me siento seguro, eres la niña más increíble que puede y habrá existido, y sé que apenas vamos por el inicio, y quiero decirte que hoy por hoy te extraño mucho, a pesar de la distancia, estaremos juntos.

"Eres y Serás Mi Bonita Hipocampo"

Desamor

Cierre Forzoso

Hace semanas que no sé nada de ti y ya no puedo con esta agonía,

Aún no me creo que de un día para otro has dejado de amarme, fue tan repentina tu partida, no me diste ninguna explicación, solamente decidiste por los dos, creyendo que es lo mejor, estoy seguro de que aún me quieres que regresarás, estoy siendo muy imbécil en estos últimos días, desde tu partida no he dejado de llorar, frente a mi familia Tengo que fingir una sonrisa cuando por dentro estoy destrozado, roto, sin ganas de seguir en esta vida, Te acuerdas cuando te dije que eras la razón de mi felicidad que por ti me levantaba todas las mañanas con fuerzas pues hoy ya no es así, tal vez nunca te lo dije con esas palabras, pero vaya que si te amaba, por primera vez sentí, lo que en verdad es el amor y aunque hoy ya no estemos juntos, te sigo amando y seguiré estando tan enamorado como el primer día que nos confesamos nuestro amor.

Me duermo hasta tarde y no porque tenga algo que hacer sino aún sigo pensando que fue eso que yo hice tan mal para que lo nuestro haya terminado, que nuestra historia si tuvo un final, no como bien, únicamente como lo necesario para fingir y nadie nota que estoy mal, me muero por alguien que a decir verdad no le importó, por alguien que juro nunca mentirme, por alguien que dijo que no estaba solo que la tenía ella, diciendo que cualquier problema nunca se alejaría de mí y hoy no estás aquí, me abandonaste, me dejaste solo contra el mundo cuando juramos estar el uno para el otro eres una herida, una herida tan grande que expande al pasar de los días me siento tan solo porque te volviste mi todo, confiaba en ti, baje todos mis escudos y te lo entregue todo a ti sin miedo me arriesgué y al final qué, para qué para merecer tal desprecio para que me lastimes tanto, como nadie lo había hecho, dueles más que cualquier otra persona y posiblemente es porque me enamoré de ti, pero no me arrepiento de nada lo volvería hacer una y otra vez porque soy necio, para intentar hallar una forma de cambiar el evento final que concluye esta historia, solamente es el fin de todo lo que una vez sentí.

A quién quiero engañar aún te amo tanto y creo que hasta más cada día, no puedo creer que aun haciéndome tanto daño no te odie si me dueles, pero perdonar es de sabios si has decidido irte está bien yo no te detendré, pero no dejaré que te lo lleves todo seguiré mi vida normal como lo era antes de tu llegada.

Mi mayor miedo era perderte y que crees que si se dio, estoy mal pero esto a ti qué te importa, perdóname si me equivoco, solo cuento mi versión, ahora entiendo que todo lo que me dijiste eran únicamente un par de miles de mentiras, sé que ahora estás con él siempre supe que sentías cosas por él aún, pero luchabas por cerrar ese ciclo, para estar conmigo, lo notaba créeme valoró tu esfuerzo, pero hubiera sido mejor que me dijeras todo, todo lo que sé ahora y créeme que todo sería mucho mejor, quién sabe tal vez en un futuro tú y yo seamos algo muy fuerte pero mira que ingenuo soy haciéndome la idea de que algún día regresarás, de verdad que nunca aprendo, de verdad que soy muy tonto y es que no me gusta para nada esta realidad, es un mundo sin ti, no quiero vivirlo pero me pongo a pensar podré volver a ser feliz sin ti, lo he hecho antes porque esta vez tiene que ser diferente, te confundí con un diamante en bruto tengo que olvidarte si quiero volver a hacer yo, observa no dije un nuevo yo,

Sino un yo que ya existía, pero sin ti y es que el problema no soy yo, ni tú, tal vez nunca estuvimos hechos por estar juntos, forzamos las cosas, con eso no quiero decirte que soy un monstruo sin sentimientos, claro que no, aún te quiero, no mentira aún te amo y te amo como nunca, me dueles como nunca, no dejare que él vació me consuma, porque me conozco soy un luchador y podré librarme de mis ataduras que me ligan a ti, me esforzaré a olvidarte, haciendo cosas que nunca creí hacer, eliminaré cada rastro de ti de mi memoria, es una tarea imposible porque cada canción me habla de ti.

"Hasta Luego Mi Querida Estrella Fugaz"

Amor

Nunca Lo Imaginé

Siempre me visualice solo, sin nadie a quien decir te quiero,

Escuchar un te quiero tan honesto que me haría vivir, pararme de la cama y mejorar por ella, porque quiero ofrecerle algo bueno, quiero darle todo lo que se merece y más, porque ella es mi vida entera, porque desde que la conocí me enamoró, por quien es, por quien demuestra cuando estoy con ella, es una maravilla, nunca me imaginé que algún día te encontraría, y sé que eres tú porque lo siento, siento que es así y no hay más presentimiento que el del corazón, soy lindo contigo porque me provocas serlo, me gusta mucho lo que haces y como le pones empeño a todo lo que quieres lograr, claro hay momentos para bromear y son de mis preferidos,

Porque los dos reímos sé que seremos una bonita historia, si hay algo que me encanta es cantar contigo tus canciones y las mías porque todo contigo es mejor, eres mi inspiración, eres la niña más increíble que conozco, no se deja vencer por cualquiera, lucha y no deja de luchar por lo que quiere lograr, se compromete y da lo mejor de ella, no hay niña tan linda y tierna, que me sonroja más y forme sonrisas en mí, que a la que hoy le escribo, sé que no te lo digo mucho pero te quiero, no se te olvide, menos lo importante que eres para mí, eres tan importante para mí, que si un día me dejas de hablar te prometo que renunciare al amor, porque contigo todo es perfecto, me gustas no te imaginas cuanto...,.

"Cuenta Las Estrellas Del Cielo Y Cuando Termines Te Harán Falta Un Millón Más Para Saberlo"

Amor

Tú

Te preguntaras porque ella, porque ella es
el amor de mi vida,
Porque con ella los días se hacen tan
bonitos, tan especiales con ella vivo esta
vida, porque con ella en forjado tantos
bonitos recuerdos, porque ella es mi
espacio sideral, porque con ella me siento
capaz de cualquier cosa, porque por ella
dejaría todo atrás, para estar siempre con
ella, ¿aún te sigues preguntando porque
ella?, su mirada es tan única que cualquiera
quedaría enamorado de ella como lo estoy
yo, me hace sentir tan feliz, aún no me creo
que me allá escogido a mí, a mí entre toda

la gente que pudo elegir me escogió a mí, y pensar que los dos sentimos lo mismo, ¿la pregunta es desde cuándo? me mata la curiosidad, siento que me dio muchas pistas de que ella sentía lo mismo, estaban frente mío y no me di ni cuenta, pero al final ella fue la que me dijo que le dijera lo que sentía, inconsciente mente ella lo sabía, pero de alguna manera quería estar segura, ese día fue el mejor de todos, nunca lo olvidaré, te quiero tanto, porque no hay palabras para describir lo mucho que me haces sentir, son unos sentimientos tan bonitos que hasta yo creí que nunca volvería a tener, pero contigo descubrí que puedo volver a decir te quiero, que puedo decir te extraño y sentirlo de verdad, contigo me siento seguro, porque contigo quiero vivir esta historia, porque juntos la escribimos, porque lucharemos ante todo pronóstico, nada podrá separarnos.

"Aquí Estaré Hoy, Mañana Y Siempre"

Amor

Lo Tengo Claro

Eres tú, y lucharé por ti, no importa cuántos obstáculos tenga por el camino, Mientras tú estés a mi lado, que estés conmigo, que tu presencia este ahí para apoyarme, ya sea que nos veamos o por chat, estoy seguro de que no caeré nunca, porque tú eres mi pilar que me mantiene arriba, te has convertido en mí alentadora principal, todo lo que hago y todos mis movimientos son altamente cargados por ti y todo lo que me hace sentir, me haces sentir muy feliz, te quiero como nunca creí que amaría a alguien, me alegras todas las mañanas, las tardes y las noches, me siento muy emocionado, estoy súper lleno de tantas emociones que no dejo de sonreír y es que estoy así por ti, te imagino y no me creía como alguien como yo podría tener a alguien como tú en su vida,

No dejaba de pensarte porque me gustas tanto, y no dejaba de imaginar la linda pareja que podemos ser, no dejaba de imaginar lo mucho que deseo ser tu pareja, como seria nuestras vidas, es que solo en pensarlo me hecho a volar, me pierdo entre tantos bonitos pensamientos y que decir de tu sonrisa tan tierna, tan dulce que me hace sentir que todo estará bien, hasta miraba al cielo y le hablaba al señor y le agradecía por encaminarme en tu vida, compartir momentos así contigo y que nunca terminen,

Quiero que estés ahí en cada uno de mis momentos importantes como yo quiero estar en los tuyos, eres todo lo que siempre soñé, y de verdad que muero de ganas de contarles a todos quien es la persona que me robo mi corazón, quien es la persona que me hace tan feliz, quien es la persona que me hace sentir vivo, la persona a la que quiero tanto, contarles de ti y decir ella es el amor de mi vida la niña más increíble que existe y su nombre es …,

Pero sé que está cerca que está leyendo esto te encontrare no lo dudes, seria súper hermoso y me encanta la idea, me emociono mucho, quiero decirte que no tengas miedo no voy a lastimarte, cuidare de ti, te protegeré de las garras, porque enserio eres mi vida entera, sé que te digo que te quiero, pero esta vez seria en vano porque ahora lo que siento por ti se describe como un te amo, A lo que voy es que no quiero dejarte y menos ahora que te volviste mi todo.

" Eres La Persona Que Tiene Ese No Sé Qué, Que Me Tiene No Sé Cómo Que Me Encanta No Sé Cuánto"

No Hay Porque Dudar

Me hicieron preguntas: ¿qué es lo que la hace diferente a las demás?,

¿Porque es que yo creo que eso es amor?, ¿Cómo puedo diferenciarla ante las demás?, al principio no tenía respuesta concisa me quedé dudoso pensando en que podía contestar, pero pasó un buen rato tuve tiempo para pensar en mi respuesta, la respuesta no es otra más que porque ella se preocupa por mí porque le gusta saber de mí, saber qué me pasa, como estoy, si ya comí, si estoy bien, si estoy mal, si estoy pasando por algo y si es así sé que ella me ayudara porque con ella, los días se hacen mágicos maravillosos y únicos de verdad siento que me quiere, siempre me ha dicho la verdad y nunca me ha mentido.

"No Tiene Razones Para Mentirme, Ni Yo Motivos Para No Creerle"

Me hace reír, me hace cantar, incluso si quiere bailar estaría dispuesto a bailar con ella, porque todo lo vale, me dice cosas tan bonitas, que sé que salen de ella, salen de su interior y es lo más especial, es el mejor regalo, sé que le importó sé que me quiere y le creeré todo lo que me diga, porque sé que mentira en ella no hay alguna, me hace sentir qué le importó a alguien, me hace sentir querido, me hace sentir que no estoy solo, saca la mejor versión de mí, es que quiero decirle y darle un montón de cosas, para hacerla sentir que nunca estará sola, que puede contar conmigo, que si un día se pierde en la obscuridad yo me encargaré de buscarla, no dejaré que se pierda, más la agarraré de la mano y no la soltaré.

Para que nunca más sienta dolor alguno, me hace decir cosas tan bonitas, me da por ser tierno porque ella me provoca serlo, la miro y en esa sonrisa me pierdo, en esa mirada tan linda. Me sonríe y yo le sonrío porque con ella todo es diferente todo es mejor y nada me falta.

"Un Camino, Dos Miradas, Tres Besos"

Vida

Hoy salí a encontrarme conmigo mismo, caminé un largo tiempo,
Atravesé ríos, escale montañas, escale témpanos de hielo, y mientras volteaba a mi alrededor, vi a la gente que más quería, irse, que no dudo ni dos veces en dejarme, en este camino que yo mismo trace, pensando que si todo esto que hago vale la pena, si algún día todo mi esfuerzo será recompensado, me detengo en medio de todo esto, me paro echo un vistazo a mi alrededor, observo y me pregunto realmente estaré dando el ancho, me cuestionó pero de nueva cuenta continuó con esta travesía, sin un rumbo aparente

dejando que la vida me guie por el mejor camino, sin saber a dónde me llevara la vida no sé dónde estaré el día de mañana, ojalá que todo lo que he soñado se vuelva realidad, ojala que todo lo que anhelo se vuelva mi realidad y que las personas que aún me quedan, consigan todo aquello que merecen, no les deseo el mal a toda aquella persona que se fue, solo les digo cuídense y espero algún día volverlos a ver,

Dejo de caminar y me dispongo a correr, mi corazón se acelera y se tambalea porque estoy al borde del colapso, pero no el mundo es de valientes y yo no soy un cobarde, me pide que me detenga que deje de luchar por todo lo que quiero y que me dé por vencido, pero no es tiempo de lamentar lo que ayer perdí, es tiempo de cumplir todo lo que he soñado y ser feliz conmigo, enamorarme una y otra vez de mí mismo, sé que soy la mejor versión de mí, y si por el camino que voy me encuentro con ese alguien espero compartir esta felicidad contigo, aquella persona donde quiera que estés, puedo seguir superándome, no hay límites, Nada es imposible, solo es más que un juego mental, donde el enemigo es uno mismo que se limita y seguiré firme, avanzó más y más para alcanzar la meta de esta carrera.

"Repite Conmigo Voy A Por El Primer Lugar, No Me Conformaré Con Ser El Segundo"

Ingenuo

Vuelvo a caer una y otra vez, en tus encantos como un tonto, como un niño, Haciendo el mismo papel de estúpido y, es que siempre me haces lo mismo, me das una pequeña esperanza, me ilusionas, pero con la misma que lo haces me lastimas, me arrebatas una y otra vez cada gota de esperanza, me dejas seco, completamente vacío, es que no lo entiendo, como si de algo rutinario se tratase, porque viendo yo, que me haces la misma jugada, pero no sé qué me pasa de nueva cuenta me la vuelvo a jugar por ti, terminando claro siempre en mí destruido, y es que es así, el primer amor nunca se olvida y es claro que ese no soy yo, ya estoy harto de todo esto, te quiero tanto que no puedo dejarte, te digo cosas tan lindas, pero sin embargo, no te importa, y como lo he dicho antes siempre supe que lo querías, que lo amabas como nunca, y es que esto me hace pensar que solo te burlabas de mí, y que mi amor nunca fue tu prioridad, si me equivoco perdóname, para ti esto solo fue un juego, no cometí, ningún error,

Bueno si quererte, ese fue mi mayor error, cuantas sonrisas, cuantos abrazos y besos, son tan hipócritas ahora, me duele tanto, como es que prefieres a alguien que te hace daño antes que a mí, al que te hizo tanto daño, como es que aún puedes verle a la cara, eres masoquista, te gusta que te lastimen, en ese aspecto, somos iguales soy fanático de tus mentiras y enredos, y como me encanta que juegues conmigo, soy un maldito masoquista, ya estoy al borde de rendirme, es increíble, que sea tan ingenuo quiero salir de este bucle en cual me condene solo, donde es mi casa y mi prisión, no me gusta sentirme así, lleno de dolor y rencor, estoy perdido, atrapado, en cuatro gigantescas paredes emocionales, tal cual fuera un mimo, nadie más lo ve más que yo mismo, a donde se fue, la libertad a donde se fue la dignidad, vuelvan y hagan de mí aquel chico seguro de sí.

"No Creía Que Una Flor, Podría Hacer Tanto Daño"

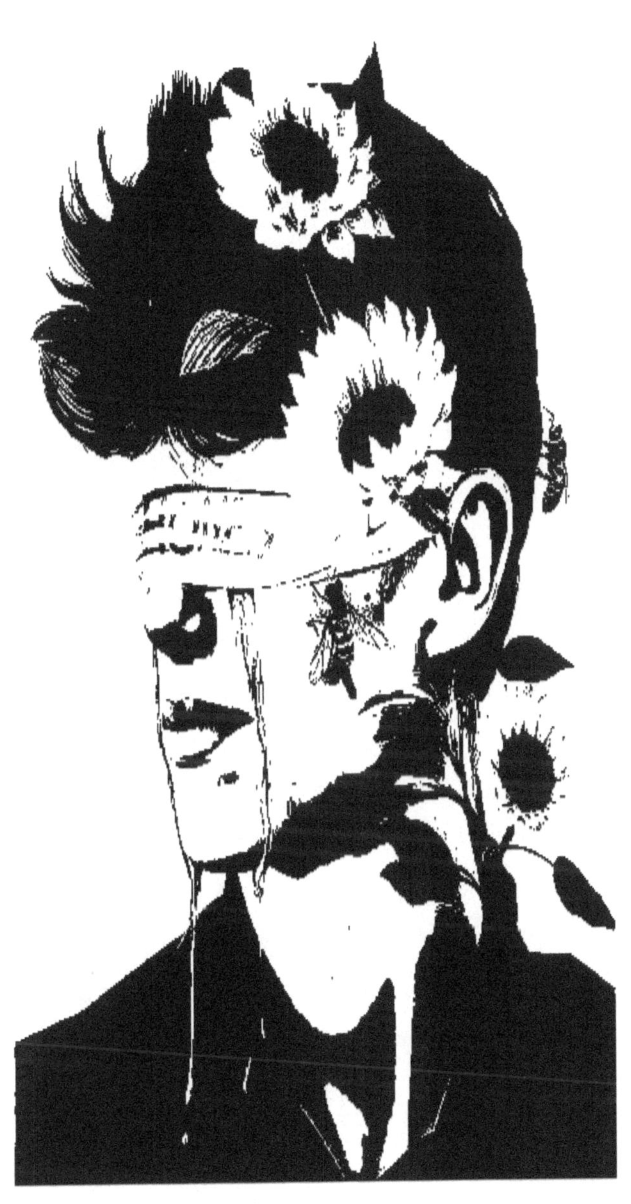

Algo Se

Hoy en día, no sé qué siento por ti, me siento muy inseguro, te miro pasar,
veo lo linda que te comportas, al instante y no me lo creo, lo increíble que eres sencilla, tierna, e incluso puedo llegar a decir que me quieres pero no sé de qué manera es irónico, te disculpas por cada cosa, por ejemplo si pasa un buen rato sin hablar, es lindo ver ese gesto en ti, y es que si, así eres ahora me imagino como serás de novia, no veo escenario alguno en que tú puedas lastimarme, eres una gran niña, tan valiente y tan buena, casi no conozco mucho de ti, dices que eres débil, pero no es así eres muy fuerte ya te lo he dicho, tú

manera de cuidar y proteger, es increíble, enserio gracias por ser así te digo algo si quedamos como amigos no me importa porque eres muy genial y es que no me lastimarías,

Eres la niña que nunca espere pero si la que necesitó y me hace feliz de cierta manera, al hablar contigo se siente muy bien, normal y es así que contigo no siento celos, de que otros niños te hablen y te digan lo linda que eres porque tengo claro que no eres mía, pero si la que quiero en mi vida, sé lo bonita que eres pero algo se, es que entre tú y yo todo está bien, te adoro eres una gran niña, por una vez no siento celos, no quiero hacer dramas ni mucho menos reclamarte, porque confío en ti.

"Te Quiero, Tú Me Quieres, Así Somos"

Desamor

Es cosa de dos

Si te extraña, llamará, si te quiere, lo dirá y si en verdad le importas lo demostrará,
Una frase tan egoísta, acaso tu no lo extrañas, acaso tú no lo quieres, entonces no te importa, porque tú tampoco lo demuestras, el amor es cosa de dos, si los dos se quieren, de los dos depende salvar lo que poco queda por rescatar, un día verás que te arrepentirás de no a verlo hecho, si tienes miedo, como cualquiera por eso el camino más fácil, es que él te hable primero,

Pero no crees que él tiene miedo hablar, tiene miedo a volverse a acercar a ti, porque no sabe cómo reaccionarás, al amor que aún queda en él, él no sabe si es lo que quieres, no desea perderte de nuevo, caso que prefiere callar porque es un cobarde como tú o como yo, están inseguro porque le han roto el corazón en más de una ocasión, no sabe si esta vez será diferente está tan confundido, no te pide que lo entiendas, te pide que lo perdones por no darse cuenta antes.

"El Amor Solo Será Real, Cuando Dos Personas Estén Totalmente De Acuerdo"

"Romper y volver por semanas es una situación terrible, una relación así, honestamente no la quieres en tu vida, les recomiendo terminar definitivamente, porque no va a ningún sitio, es una relación que te hace sentir unos altibajos de emociones, que de verdad no deseas en tu vida."

Desamor

Lo Arruine

Ahora me doy cuenta, me pongo a reflexionar y me cae la lógica,

Cómo es que no lo vi antes, esos pequeños detalles que tenías conmigo que ahora hoy por hoy ya no están, creí que todo estaba bien, que lo que había entre tú y yo, estaba perfecto, pero no basta solo con decirlo y sentirlo, jamás te demostré lo mucho que me importabas y lo mucho que te quería, lo arruiné,

Soy un tonto, soy muy despistado y no me doy cuenta de las cosas que hago o que dejo de hacer, realmente cuando te decía que eras mi mundo era porque en verdad eras mi mundo, no te lo decía tal cual y creo que entre muchos otros ese fue el problema, no demostrarlo ocasionó muchas cosas que las palabras rompieron, con decirte que hasta la luna sabe lo mucho que te extraño, te veo sonreír así como solo lo sabes a hacer tú y me invade la tristeza porque ya no formó parte de esa vida, finjo que no me duele para que me veas fuerte, pero que va no soy bueno ocultando lo obvio, a veces no me entiendo, no me encuentro, me pierdo en el vacío, me pierdo en esta oscuridad infinita que yo he creado.

"Te Siento Tan Distante, Como De Una Fecha Para Acá Hemos Cambiado Tanto"

Amor

Flor De Loto

Me gustas y no es porque tengas bonito cuerpo, o porque seas una modelo o porque fuiste tallada por los mismos ángeles no cariño,

 Me gustas porque defiendes quién eres, esos sentimientos tuyos, que me demuestras que dejaste que yo conociera, esa parte tuya que nadie más conoce, esa parte que tus llamas debilidad yo la llamo fortaleza, abriste la puerta, aquella que cerraste con llave, llave que tiraste al mar, sin embargo, yo me metí a ese mar de profundidades inmensas para buscar esa misma llave, para abrir la puerta de tu corazón,

Me gustas incluso más desde aquel día que compartimos juntos tú y yo y nadie más, y es que te miro y me pierdo en esos bonitos ojos color marrón, que me dejan atónito, aunque tú no te creas lo bonita que eres, por mucho que digas lo mal que te ves, créeme que para mí eres la flor más bella de todo el jardín, miro tus defectos y me los preparó para desayunar para que veas que no son malos, desde lejos te veo alejarte, sonriendo, sin que nada te importe, sí que nada te afecte.

"Te Quiero Ver Feliz, Aunque No Sea Conmigo"

Amor

14 cartas Antes De Febrero

Últimamente he pensado mucho en ti,

Más bien porque tuve un sueño tan bonito donde tú y yo éramos felices, me despierto en mi realidad, me deprimo porque lo que vi no es real, pero pienso en un plan para recuperarte porque ha pasado largo tiempo ya, aún me gustas mucho, y aunque tú no me quieras hablar, yo estoy dispuesto a todo por ti, pero eso sí, una persona llega hasta donde otra quiere, mi plan no es otro que volverme tu admirador secreto,

Darte un detalle tan puro y tan bello, pero eso si eliminando todas las pistas que me

vinculan para que no sospeches que soy
yo, tengo planeado que sea uno cada mes,
y cuando llegue febrero sea durante los 13
días y el día 14 hacerte la pregunta ¿ya
sabes quién soy?

Esa será mi última oportunidad para
enamorarte de nuevo si ya no funciona
créeme ya no volverás a saber nada de mí,
no quiero seguir jodiendo tu vida, con mis
sentimientos sin sentido, créeme me iré y
ya nunca volverás a saber de mí, no
volveré, empezare una nueva vida,
empezando de cero, las veces que sean
necesarias para olvidarme completamente
de ti,

Pero si esto funciona, mandándote cada
día una flor y en una carta escribir que soy
tu más secreto admirador donde te digo
que te necesito, que me iluminas, y que te
voy a amar toda la vida, pasare de ser el
chico invisible y seré el chico más feliz del
planeta, como le voy a decir lo que yo por
ella siento, cuando no sé si ella siente el
mismo amor loco por mí, por eso pienso y

razono prefiero que sea mi eterno amor secreto, es tan hermosa para mí que cuando más cerca, yo estoy de ella se me olvida hasta el hablar y me olvido que sé respirar, llevo rato con esta situación, pero si esto va bien, será algo hermoso.

"Esta Es Mi Última Carta, Sobre La Mesa, Suerte"

I loved you yesterday, I love you still
I always have, I always will...

Desamor

Conexión Perdida

Ya no sé cómo hablar contigo, siento que cualquier cosa que diga o que escriba te pueda ofender,

La verdad no me explico, no lo hago con la intención de lastimar o de ofender solo son comentarios, que suelo hacer por ocurrencia o porque simplemente me pareció divertido, decir o escribir, pero re afirmó no para molestar cuando llega la hora de tus reclamos, admito que si efectivamente me saca de contexto o me dan una sensación de ¿enserio te molestó?, pues siempre he sido así, no se dé cuando para acá, fue que te ofende las cosas que pueda decir, o escribir, siento que mientras más pasa el tiempo nos estamos distanciando demasiado, no quiero que pase la misma historia que con mis pétalos caídos, de verdad que no te quiero dejar ir,

No quiero perderte por cosas pequeñas que volvemos gigantes, pero si este es el adiós, déjame decirte que no te lo dejaré tan fácil luchare por salvar esto del todo, porque si me importas, y porque me haces más falta a mí que yo a ti, no puedo dejarte ir, aún te necesito, sin ti, sin tu presencia, no me sentiré capaz de seguir, eres una maravillosa niña, que llego cuando más devastado estaba me abrazaste, me miraste y dijiste todo va a estar bien, y desde ahí te volviste la persona más especial para mí, porque contigo en la batalla podre ganar la guerra, querida no dejemos que peleas sin sentido rompa la conexión de esta bonita relación, que nos ha costado construir, todo es parte de un propósito, si te digo algo es para hacerte reír, para que te entretengas y te lleves una parte de mí con mis consejos, quiero verte triunfar.

"Te Quiero Seguir Viendo Crecer, Seguir Observando Como Una Y Otra Vez Cumples Tus Sueños, Me Enorgulleces"

"Mi pequeña,

gran casualidad, mi niña amada, a lo largo de este libro ha tenido muchos nombres y apellidos, pero la que por mucha ventaja se lleva el nombre por derecho, es aquella niña de los lentes negros"

Amor

Contigo Siempre Quiero Estar

Llevo rato conociéndote y poco a poco, me estoy enamorando de ti, tus risas, los momentos agradables vividos contigo,

Jugar por horas a nuestro juego favorito, escuchar cada una de nuestras locas historias, saber cómo nos fue en nuestros días, volvernos de alguna manera más cercanos al pasar de los días, y es que siento que me gustas, que te quiero mucho, traigo una sensación bien bonita por ti, y es que me traes bien enamorado, tu manera de hablar, de expresarte me encanta, es todo un sueño hecho realidad, me quedo sin palabras que explique las un y mil cosas que me haces sentir, cuando un mensaje tuyo llega a mí, me emociono y me hago el difícil para ser un reto para ti de manera igual que tú lo eres para mí, tengo miedo de arruinarlo, igual tengo mucho miedo abrir mi corazón de nuevo, la última vez me dejó muy dañado, pero ahora sé que contigo vuelvo a creer en el amor y lo bello que es estar vivo, vivir esta felicidad compartida donde tú y yo somos los protagonistas,

Donde estoy seguro de que soy el héroe de la historia y tú la bella princesa que debo proteger, entiendo lo bonito que es conocer a alguien, que al pasar de los días, se vuelve más que un conocido, se vuelve ese alguien al cual quieres mucho, y que por nada del mundo le pase algo, de un día a otro te preocupa, si come, si está bien, y es que es increíble que tan importante se hace una persona en tan poco tiempo, y es que es así ella hace por mí, lo que yo hice por alguien alguna vez, y no solo ella, esto puedo decir con certeza que es mutuo.

"No Deseo Que Esto Termine, Deseo Que Tú Y Yo Tengamos Una Relación Tan Bonita He Indescriptible"

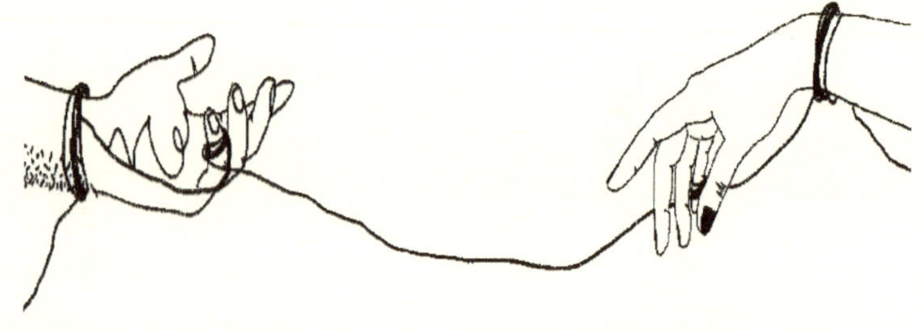

Soy Su Hijo

Tengo un padre tan bueno, está pendiente de mí en todo momento, aunque no hable mucho conmigo,

Yo estoy hablando con él en todo momento y aunque no me conteste de inmediato sé que me escucha, sé que mi padre me ama, y su amor es tan grande, que no puede ser descrito con números, es una cifra imaginable, mi padre, me ha dado todo, claro a su tiempo, cuando yo más lo necesite, y si también me ha quitado cosas y lo entiendo me las ha quitado porque aún no tengo la madures suficiente para afrontar con esas responsabilidades, pero sé que algún día volverá a darme en masa todo aquello que un día decidió quitarme y sabes porque, porque él me ama, me quiere, quiere mucho a todos mis hermanos, siempre está a mi lado dándome los mejores consejos para sobre llevar esta vida, que él me dio,

Me vio nacer, me vio luchar, me está viendo en estos momentos, que acaso no sabes de quien estoy hablando, que no es obvio, sí, estoy hablando de mi padre, del que está arriba en los cielos, mi querido dios padre, me dice que está orgulloso de cómo nos ha unido a todos y lo mucho que anhelamos nuestros sueños, me dice también que él sabe cuándo darnos todo lo que necesitamos, hoy te pido una cosa cree en él, amalo al él, y todo lo demás vendrá de añadidura, todo lo puede hacer, es capaz de quitarte todo el mal que te atormenta y es que así un padre tan amoroso que quiere lo mejor para sus hijos, pero recuerda tu tiempo no es el tiempo de nuestro padre,

Tenemos que ser pacientes y no cuestionarlo en nada, y todo saldrá bien, te amo mucho padre, gracias por seguir conmigo a pesar de todos mis tropiezos, gracias por no abandonarme, gracias por rescatarme del bajo mundo, soy muy felices cantándote, alabándote, cada fin de semana, y para todo aquel que ha llegado hasta aquí, te lo dejo testigo créeme todo lo que ahora tengo es gracias a que nuestro padre me lo ha dado, declaro que el mi salvador, y le pido que todos alcancemos nuestras metas y sueños, él siempre estuvo, el siempre esta y el siempre estará.

"El Más Grande Héroe, El Es Mi Padre"

Melancólico

Estoy haciéndolo bien, me veo al espejo y ya casi no veo al chico triste,

Aún quedan rastros de él, pero sin embargo lucha por salir el yo alegre, el yo que estaba bien antes de ti, el que no te conocía, el que estaba feliz siendo el mismo, el que nunca cambio para ser lo mejor para alguien, el que estaba seguro de quien quería ser, no el que ahora no sabe quién es si tú le faltas en su vida, la última vez que recuerdo que hablamos me quebré, no pude aguantar una lágrima, y llore tal cual niño, aún te extraño, aún te quiero, pero entiendo que no te necesito para ser feliz, pero algo me grita síguete humillando a lo mejor y vuelve, que tonto suena eso,

Debo empezar a pensar y decir necesito volver a hacer yo, aquel chico que era feliz viendo el atardecer, en aquel techo con una buena Jamaica a lado, te vi tan radiante hoy, que hasta se me olvido porque estaba enojado, recuerdo lo mucho que estaba enojado y tú con una mirada borrabas el rastro de aquel enfado, admiraba mucho eso de ti, lo mágico que volvías todo, y como odie lo lento que fue llevarme al abismo, preparándome con canciones que ahora al escuchar lloro, necesito regresar a esos días donde hablábamos por horas, jugábamos y conocíamos los problemas por no acostarse temprano,

Extraño la época dorada, del maravilloso ayer cuando nada me preocupaba, cuando lo único que deseaba todos los días era una tarde increíble, a lado de la mujer increíble, hoy entiendo que historias hay muchas, que las estrellas fugaces son pasajeras, que no todo lo que brilla es oro, que si existe un final del arcoíris y es que es así todo viene con fecha de caducidad.

"Que A Los Lápices De Colores Se Les Acaba La Punta, Que Ya No Puedes Seguir Pintando Sobre El Mundo Gris Y Aprendes Que El Gris Igual Es Un Color"

Realidad

No sé en qué parte del universo estoy, si estoy despierto o ya estoy muerto,

Si lo que estoy viendo es real, espero que mi vida no sea un loco experimento de una criatura o alíen, espero estar vivo, estar en la realidad, se puede llegar a definir como eso que puedes tocar, ver, escuchar y sentirte vivo, otros pueden decir que es una construcción social, un mundo plasmado por leyes y gobiernos, donde las reglas lo son todo, espero estar viviendo en la realidad porque de no ser así toda mi vida no tendría sentido, si todo esto no fuera real, es cuestión de tiempo para que todo esto acabe, y es que no me creo, debes en cuando que ando por ella, a veces pienso que aún sueño, y cuando despierto lloro porque lo que ocurre en el mundo de los sueños, ahora sí que mi mundo preferido, tengo toda una nueva vida tal y como yo quiero que hubiese pasado los eventos, pero sabes porque sé diferenciar la realidad, del mágico mundo de los sueños porque nada sale como yo quiero, pero si pasa lo que más necesito aunque yo no lo quiera, tanto las cosas buenas o malas aquí están conmigo, por algo siempre he dicho que todo tiene una razón del porque ocurren las cosas, ya sea para enseñarme una lección nueva, o para darme una responsabilidad más,

Estoy en una etapa de mi vida en donde conocí a una niña magnífica y pienso que esta es una de esas responsabilidades, no tengo la idea de cómo ser un buen novio, ¿ya lo somos?, le voy paso a paso, pisando con cuidado porque no quiero arruinarlo y quien sabe en un par de citas más se convierta en lo que más anhelo, tengo miedo de no ser lo suficiente para hacer que se quede, ahorita ella está conmigo, pero no sé hasta cuando, es ese miedo, que me limita, que me hace pensar que de nuevo me romperán el corazón una vez más, y es que siempre tengo mala suerte, pero tengo una gran fe en que ella es la correcta, puedo decir con certeza que me gusta, y quiero algo bien bonito con ella, una relación bien pura, que me haga sentirme amado por alguien como ella.

"El Sueño Al Fin Sé Está Convirtiendo En Mi Realidad"

La Travesía De La Casualidad

Hay algo en ti que me gusta mucho,

Estoy empezando a sentir cosas muy bonitas por ti, realmente son muchas veces que he dicho esto, pero la vida es así todo es una hermosa casualidad, y créeme lo mucho que disfrutare cada uno de estos segundos, no importa cuánto dure, créeme que me harás muy feliz, y es que con cada persona que me cruzo aprendo algo nuevo, y quiero que contigo sea mágico, increíble y si se puede vivir la vida entera contigo, pero pues sino lo logro seguiré mi rumbo y tendré en mi caja de recuerdos donde tu amor será honrado, tengo miedo de tomar el riesgo, pero no se me olvida, veo esa increíble mirada que tienes que me hechiza, me hipnotiza, me encanta, aquí estás conmigo y yo estoy contigo, créeme que no te dejare sola, esta vez daré más del límite, para hacer que esto funcione para que esto tan hermoso no se vuelva monótono,

Realmente tengo muchas ganas que se convierta en la sensación más sublime del universo, y es que te quiero tanto, no vi en qué momento te volviste tan importante para mí, tampoco no me di cuenta en qué momento me enamore de ti, de verdad que me haces mucho bien, todo lo que haces por mí, créeme que lo valoro demasiado, eres mi personita especial, mi bella reina, esperando a su rey, sabes que puedes contar conmigo en todo momento y que

24 / 7 estoy pensando en ti, no encuentro palabras para agradecer lo mucho que haces por mí, hemos pasado unos buenos días juntos y es que tu mera presencia ya es algo que me quiere hacer gritar lo mucho

que te quiero a mi lado, y es que al estar juntos, me pongo imaginar lo bonito que es estar viviendo esto contigo, me llenas de una sensación que aún no sé explicar y si me permites decir, me gustas mucho, me encantas, y es que solo hablar de ti, escribir de ti me deja una sonrisa enorme y una cara de bobo, realmente me siento increíblemente enamorado de ti, eres todo lo que quiero ver, tal vez pienses que no soy tan bueno para ti,

Pero con esta oportunidad te demostrare no solo lo mucho que puedo quererte, sino demostrarte que no todo es solo palabras, te demostrare con acciones lo mucho que siento por ti, eso que no puedo explicar, me haces sentir tan querido y especial, me dices cosas tan lindas que me deja tan feliz, te adoro enserio, esos detalles tuyos, planeo muchas cosas para ti y para mí, pero no quiero asustarte, no quiero ser muy intenso, sé que las niñas odian eso, por eso trato de ser contigo lo más normal posible pero debes en cuando dejó caer un te quiero y no solo con palabras sino demostrar con muchas acciones lo que significa decirle a la persona especial lo mucho que te hace sentir y esa persona especial,

Mi persona especial, eres tú, quiero que mi cielo tenga tu nombre, me das motivos a mí para bailar y cantar, y esta vez quiero que sepas que seas para ti, no me perteneces, lo que quiero es compartir contigo mi vida y salir de este agujero oscuro, estando cerca del abrazo cálido de tu ser, y si se puede del inolvidable dulce rose de tus labios.

"Eres Alguien Que Conocí Aprendiendo A Volar Por El Camino Del Amor"

Desamor

Impotente

He llegado a un límite, donde ya no sé qué hacer, estoy molesto, cansado, y sobre todo triste,

Hemos construido esto por meses, siento últimamente te alejas de mí, y me molesta y te ignoro, pero eso no es más que un par de minutos, hemos estado demasiado lejos estos días, me siento mal por llegar hasta este extremo, es muy difícil, créeme Cuando te digo que me he aguantado muchas cosas, quiero llorar y contarle alguien que me está sucediendo, no me aguanto siento que voy a explotar, necesito ser escuchado, pero me mantiene en pie recordar que mientras exista papel no dejare de escribir, realmente esto se ha vuelto el confesionario perfecto, porque pocos saben quién soy, porque nadie sabe de quién hablo, y porque no causo ningún problema, estas líneas son muy buenas escuchando, y ustedes muy buenos leyendo queridos lectores, y no sé tal vez el mañana me sonría con buena cara, la verdad no sé qué es lo que nos está pasando, me siento mal por esto que está ocurriendo, no sé en qué momento cambió, no sé si yo hice algo malo, por favor si lo hice dímelo, la verdad siento que te alejas mucho de mí, sé que estas ocupada pero no sé realmente casi ya no sé nada de ti, me siento mal, porque pienso que ya te aburrí o ya hay alguien más, alguien mejor que yo, perdóname si me equivoco,

Perdóname si te falle en algo, pero me siento muy no sé qué, todo esto me tiene muy nervioso, no te quiero perder, quiero salvar lo nuestro, te quiero como a mi propia vida, en verdad te quiero cerca, quiero seguir compartiendo esta vida contigo, no me quiero ir, no quiero que se vuelva un adiós permanente, el simple hecho de pensar que ya no quieres nada conmigo me pone fatal, y sigo sin entender que fue lo que te dije o hice, no me gusta estar así contigo distante, frío, en verdad deseo y quiero salvar lo mucho o lo poco que aún queda, te quiero mucho me encariñe tanto contigo que es imposible dejarte, no sé qué maldita sea haré si ya no estas, te voy a extrañar un montón, realmente no sé qué pasa. No desaproveches los intentos de alguien para que funcione, eso demuestra interés y que te quiere aún en su vida, porque una que no, prefiere estar callado y dejar que todo pase, eso es una persona cansada que está a punto de irse, que te quiere sí, pero se ama más él, ¿es curioso no? Como este chico de buen corazón,

Aún no ha renacido en un maldito con las niñas, como aún sigue siendo bueno con ellas, a pesar de recibir tantos golpes a su autoestima de parte de varios miembros de aquel club, pero sabes porque, porque el aún no pierde la esperanza, él sabe que entre ese gran grupo encontrara a la niña que lo quiera, y lo ame solo a él, es todo lo que pide, ¿será mucho pedir? no lo sé, lo que, si se es que aún está aquí de pie, escribiendo cada una de estas líneas.

"Cuantas Veces Me Trague Mi Dolor Para Verte Sonreír"

"Me alegro infinitamente de no haberte conocido en mi pasado, porque de haber sido así te hubieras convertido en la persona que más me lastimó y más dañado me dejo, me alegro de lo fuerte que ahora soy, prácticamente todo se me resbala, me siento muy orgulloso de mí mismo."

Triángulo Amoroso

Recuerdan lo que dije de ser un maldito,

Bueno no soy un maldito con las niñas, pero no sé qué hacer, siento que estoy traicionando a alguien que ni siquiera conozco, y a lo mejor sea porque es hombre, de verdad no se si lo que hago está bien, te cuento la historia, esta niña me gusto desde el primer instante que la vi, ni siquiera tenía que conocerla del todo,

Y ya empezaba a sentir algo, creo que lo llaman amor a primera vista, y me empeñe mucho con ella, bueno estoy empeñado con ella, desde el comienzo supe que tenía novio, y literalmente me ha valido, de alguna manera quiero que me escoja a mí, que me quiera a mí y solo a mí que se olvide de él, y a lo mejor si lo estoy logrando y eso es lo que le tengo miedo, no el hecho de quedarse conmigo, eso sería muy hermoso si fuera libre, y aquí va lo bueno o malo de todo que aún quedan rastros de ética en mí y no sé qué hacer,

Una parte de mí dice quítale a la novia, total ella ya te quiere, va ni siquiera conoces al tipo, no te toca de nada solo hazlo, otra parte dice detente, solo checa a que costo, si bueno te quedas con la chica, pero cuanto tiempo, y es más a base de que está construida tu felicidad, exacto a costa de que otra se destruya, crees que es justo, que mereces irte a dormir por las noches pensando que estás haciendo lo correcto, estoy lidiando demasiado con esta situación pero realmente la quiero, siento muy bonito por ella, siento que mi corazón hecha fuego por esa chica, no más la veo me da nervios y se me pone la piel de gallina, e igual me tomo el tiempo de pensar y llego a la conclusión de debería hacerlo, cuantos chicos me han quitado a la chica, ¿porque yo no hacerlo?, deberás que estoy en un gran problema, pero eso si chica sabes que te quiero y que daría todo por ti a pesar que ames a los dos,

Sueño con ser solo dos y no tres, puede que lo mejor sea esperar, pero es que no puedo, quiero mi momento y que sea ahora y no solo un momento, sino la famosa eternidad y puede que suene a que yo quiero algo serio, déjame decirte que no suena, en verdad es todo lo que quiero, quiero algo serio y quiero que sea contigo a mi lado, luchando contra este mundo lleno de imbéciles que no saben apreciar lo bonito de vivir.

"La Moral Y La Ética Se Fueron De Vacaciones, Llego La Oportunidad De Visita Y Decidió Quedarse"

Amor

Indescriptible

No sé si lo sabes ya, pero eres la mejor persona que me pude a ver encontrado,

Desde que note tu presencia y tu luz ilumino mis ojos en cuestión de segundos pasaste a formar parte de mi vida, me hiciste alguien diferente alguien nuevo, alguien feliz, llámame loco pero has cambiado mi vida de maneras imaginables, eres una niña muy magnífica, hasta increíble ya te queda pequeño, y te tengo uno mejor que se acerca a tu descripción y es que ni siquiera eso da para definir lo que eres o bueno al menos para mí, y créeme cuando te digo lo que me está costando escribir esto para ti es una tarea difícil definir lo que me haces sentir, eres la sensación más sublime de todo el universo, y es que es así, como en este plazo de tiempo te has convertido en una gran pieza en mi vida, y no cualquier pieza una cuya si se marcha ya no puedo volver hacer yo mismo, una que yo no quiero soltar, una que me sorprende cada día con cada uno de sus lindos mensajes, que me estremece con cada una de sus locuras, y no sé quién esté más loco,

Si, tú o yo aunque probablemente yo, y es que es toda una aventura contigo donde no hay solo un capitán de barco sino dos grandes líderes, no sé cuánto dure este viaje o que pase cuando lleguemos a la costa, no tengo miedo porque no viajo solo, viajo contigo y eso me basta, pero si algo se es que disfrutaré de cada uno de estos bellos y gloriosos momentos a tu lado, ya sea en persona, por mensaje, a distancia o cerca, donde quiera que estés o yo este, te quiero aquí conmigo toda una vida, eres una compañía excelente en todos los sentidos, y es que tu presencia me alegra los días, soy fanático de cada uno de tus enojos, me encanta ver cómo te enojas y lo digo de buena manera, de una manera tierna,

Hablando de eso y lo tierna que te pones cuando me sale mi lado romántico, están lindo que me gusta, soy demasiado fan, cada que jugamos y es que no jugamos para ganar sino para divertirnos con un y un mil de nuestras tonterías y es que no nos aburrimos, siempre tenemos algo bueno que decir pero eso sí cuando de ganar se trata, nos ponemos las pilas y arrasamos con todos y todas, porque somos el mejor dúo, el mejor equipo, no sé si sabes lo mucho que te quiero pero te puedo decir un secreto, si es que puedes contar las estrellas del cielo solo te diré que te harán falta contarlas unas cien veces más para llegar al número aproximado de mi amor para ti, cada día intento decirte te quiero y te amo sin utilizar mucho esas palabras porque no quiero desgastarlas,

Quiero demostrar con mis acciones lo mucho que me haces sentir lo mucho que mi corazón se vuelve música cuando estas cerca, para que veas que no solo digo esto por hablar, que no solo es la palabrería de un chico de campeche enamorado sino de un chico valiente sin miedo al éxito de estar contigo, de vivir contigo esta hermosa vida.

"Emprendamos El Viaje, Aunque No Sepamos A Donde Nos Llevara O Que Riesgos Habrá"

Arrepentimiento

Este capítulo lo usaré, para pedir perdón, como digo solo cuento mi versión de la historia como yo la sentí, como yo la vi, como yo la creí vivida, las palabras antes a este texto las escribí la mayoría melancólico, enojado, pensando lo peor de las personas, creyéndome las mil historias, chismes, y teorías que llegaron a mis oídos, leerme, las personas que hablo en los textos, creerme cuando digo que ya no pienso así, que porque lo guardo, bueno marca un antes y un después de los hechos y sobre todo marca todo lo que sentí, lo que siento, y lo que vivo actualmente, y porque quiero compartir con alguien mi extraordinaria ordinaria vida,

Por eso es que no borro ni quito nada antes de este texto, pero eso sí puedo decir que estoy arrepentido de las cosas que dije, y sé lo mucho que puede lastimar mis palabras, pero siento que es necesario, escribirlo al fin de cuentas digo quiero decir más bien, estas hojas siguen siendo el confesionario perfecto, perdón enserio de todo corazón si lo que he dicho te ha lastimado, sé que con decirlo no basta, pero quiero dejarlo en claro, que busco tu perdón, ojalá un día me perdones todo el daño que te provoque física y mentalmente, un te quiero y no deseo verte triste, deseo verte feliz y sonriente, aunque no sea conmigo, te adora el autor, Besos y abrazos.

"Algún Día Espero Hablar Contigo Tranquilamente Del Tema Y Reír Una Vez Más"

Amor

Mi Reina

No sé cuántas veces he escrito este mismo texto y no porque me salga mal,

Más bien es porque siento que ninguna palabra puede llenar o alcanzar todo lo que significas para mí, todo lo eres, todo lo que le haces sentir a este joven, te tengo un enorme cariño, me quedo sin palabras si se trata de ti, y es que soy muy social pero cuando te miro, me vuelvo un completo tartamudo, me falta el aire, y es que quien no podría enamorarse de tan increíble persona, no solo por su belleza, que dejo aclarar que para mí es la más preciosa, sino lo que me enamoro de ella, es todo eso que demuestra sin pena, si quiere bailar, baila, si quiere cantar, canta,

Ella no le tiene miedo a nada, lo más importante que nunca se rinde, ella lucha y sigue luchando defiende sus ideales y sueños con su misma vida, sus pensamientos, sus ideas, son tan únicas, su personalidad es tan hermosa, es creativa, inteligente sobre manera, estratega en cada una de sus jugadas maestras, una líder por excelencia porque cuando se trata de dar órdenes es la más eficaz, y no me da miedo decirlo que me encanta ponerme el mandil por ella, me encanta lo cursi que es conmigo, y es que mi dicen unas palabras tan hermosas que sé que salen del fondo de su corazón y déjame decirles que eriza la piel, y me deja con una sonrisa una tan enorme que se ve desde la galaxia de Andrómeda, me da una sensación tan bonita, que yo mismo denomine como la sensación más sublime de todo el universo, ella se arriesga, no le importa el qué dirán,

Si separados ya somos un desmadre, juntos somos la mismísima locura encarnada, contigo me atrevido hacer cosas que jamás creí que haría, y es que me enseñas hacer cosas nuevas cada día, a salir de mi zona de confort, a probar cosas nuevas, nadie me había motivado tanto a perseguir mis sueños como tú, nunca me cansare de repetir que fue eso que yo hice para merecer en mi vida, a tan increíble mujer, sacas la mejor versión de mí, cuando estamos juntos me siento en paz, me siento tranquilo, me siento amado, me das una enorme felicidad en todos mis días, tardes y noches, es que el tiempo pasa tan rápido cuando estamos juntos,

Como quisiera que el tiempo mismo se pusiera en pausa para que el momento juntos sea los más cercano a la bella eternidad de envejecer contigo, perdona si te asusto, si es demasiado temprano para decir algo como eso, pero es que enserio te amo tanto, espero algún día estar juntos, te quiero así, como eres con todo lo bueno que no ves, con todo lo malo que dices tener, te quiero y solo espero que llegues a entender que en cada una de esas cosas que tu llamas defectos, yo solo veo tu nombre y la realidad de que no puedo estar sin ninguno de ellos,

Por poco modesto que suene sé que tú también me quieres a mí, te prometo que haré mi mayor esfuerzo para que cada uno de tus días sea algo maravilloso mientras me quieras a tu lado, que no me imagino despertar una mañana sin decirte buenos días mi reina, o dormirme sin previo aviso sin ser tú lo último que piense, siempre podrás encontrar mis manos si un día tropiezas, eres capaz de despertar en mí, sentimientos que creía no volvería a sentir,

Enterrados en un mar de olvidos del que pensaba nunca conseguirían escapar, pero lo hicieron, tú fuiste quien llego para salvarlos, para salvarme a mí, me diste tu mano como quien lanza un salvavidas y yo que nunca había visto tanta luz en nadie, ni siquiera lo dudé, contigo todo es diferente, no hay día igual ni parecido a otro, cada día es único, no dejes que nadie te diga nunca, que ser tu está mal que se atrevan si quieren a intentarlo pues has aprendido a defenderte, a defender tu realidad con uñas y dientes de todos esos que no aprecian algo único, algo increíblemente maravilloso deseo mucho que aún estés en mi vida, porque como ya dije no me imagino esta vida sin ti, ni mucho menos quiero dejarte, me hace mucho bien tenerte cerca, con mucho cariño para ti.

"Si El Universo Supiera Lo Mucho Que Te Quiero Le Daría Vergüenza De Ser Tan Pequeño"

En Una Línea De Tiempo Diferente

Hola, te saludo de la manera más hermosa posible quiero decir muchas cosas, pero tratare de resumirlo lo más que pueda vale, no quiero remover el pasado, pero léelo todo, tu tranquila o tranquilo si, sé que todo eso quedo atrás y está bien, me gusta mucho la relación que llevamos ahora, de vez en cuando me gustaría mucho que fuera más allá que solo amigos, pero hoy no vengo hablarte de eso puedes continuar leyendo sin problemas.

Esto que te quiero dar va

"De: Para Tu :3 Para: De Mí :3".

Siempre quise devolverte esa bonita y muy tierna frase, como he dicho siempre, ya hasta esa frase se volvió mi frase,

"Tu Tranquila, Yo Nervioso".

Solo quiero decirte lo que probablemente ya sabes que estoy para ti sin importar que tan jodido este esta vida, me importas demasiado querida y si al principio admito que estuve muy enojado y dolido como diría Peter B. Parker;

"Lo Maneje Como Un Campeón, Porqué Saben Que No Importa Cuantas Veces Me Golpeen La Vida, Siempre Me Vuelvo A Levantar".

Tú me entiendes que quiero decir, pero vale al final supere lo que pasó, tampoco no quiero llenarme los bolsillos diciendo que vivo una gran vida y que soy feliz no para nada, estoy sobreviviendo, eso sin duda queda mejor en todo, ¿no lo crees así? Diré lo obvio y lo que se me nota a kilómetros a pesar de todo lo que ha pasado te sigo queriendo como la primera vez y obviamente sigo enamorado, pero antes de que te espantes y te saques de onda tranquilos respete su decisión de dar por terminado lo que hubo y solo dejo caer algo importante si alguna vez,

Ella quisiera volver a intentarlo creerme que yo estaría dispuesto a todo y está vez me quedare, no habrá marea que pueda sacarme, pero tranquilos como les digo yo respecto en totalmente su decisión, podemos seguir siendo amigos el tiempo que ella quiera vale, quiero decirte que sé que te iras muy pronto a estudiar y me invade una tristeza de que no comprendo o bueno si la entiendo es el hecho de no verla , de no hablar con esa niña, lo es todo literalmente, pero quiero prometerte algo, cuando regreses aquí me tendrás, vernos y platicar de todo lo que hemos hecho a lo largo de los años sin saber nada del uno del otro ya el tiempo decida que pase, no sé cómo describirte por eso en varias de las páginas que he escrito te he llamado de muchas formas, hipocampo, mi estrella fugaz, ella, mi intención con este escrito es decirle todo lo que pueda resumido y también lo que me cuesta decirle a la cara por eso uso este medio a la antigua con una bella carta, que espero y proyecte lo que en verdad quiero decirte.

Tranquila acepto que ya lo dije muchas veces como si fuera tu nombre pero es que no quiero perder lo poco que tengo de ti y puesto que para mí es toda una bendición, perdóname por todo lo malo que alguna vez te hice, perdóname por las mil palabras que te dedique con la tinta, no pensaba con claridad cuando las decía no te preocupes no son groserías pero cuando lo leas porque sé que lo harás yo te prometí que leerás mi libro, te juro que me arrepiento mucho por lo que puedas leer, pero no lo borro porque marca un antes y un después, bueno que te puedo decir,

Te deseo lo mejor de todo , te deseo muchísima suerte en todo lo que hagas sé que le pondrás todo el empeño, porque se lo increíble que eres, ya estoy viendo a la mejor doctora veterinaria del país, sé que lo vas a lograr, cuídate mucho , te echaré todas las porras desde mi aquí , desde mi corazón, y si todavía te falta mucho pero te lo digo aquí y ahora, para cuando sientas que no puedas más regreses a esta parte y leas lo necesario, para darte fuerzas y seguir adelante, porque sé que eres toda una leona dispuesta a devorarse esta vida y perseguir su mayor sueño el premio gordo, te adora, te quiere , con cariño.

Te engañe en la parte de remover el pasado, te pido una disculpa, pero necesitaba dar por terminado todo para así cerrar el ciclo y dedicarme a mi hoy a mi futuro, mucha suerte mi querida historia.

*"Recuerda Eres La Persona Mas Increíble
Que Conozco Y Recuerda Si Me Necesitas
Aquí Estaré"*

A Mi 2019...

Este año fue un equilibrio, donde hubo muy buenos momentos y unos no tan buenos, a lo largo de este año he aprendido muchas cosas, descubrí cosas que nunca pensé que haría, encontré o más bien me encontró una persona que me hace preguntarme porque no llego antes, de la misma forma al pasar de los meses tuve muy malas experiencias que la verdad siendo altamente sincero no borraría, y tal vez te estarás preguntando pero oye porque no, creo en que si yo borraría todo lo malo que me paso en el año perdería una gran parte de lo que aprendí, ese conocimiento que de alguna manera me hace una persona madura o bueno entienden que quiero decir exactamente.

En este año me sentí más cerca de dios, los que sea ateos o simplemente no les gusta hablar o escuchar o este caso leer de este tema con toda confianza baja al siguiente párrafo, sigo este año como digo me sentí más cerca de dios, me toco cuando menos esperaba de él, me enseño con palabras, hechos, argumentos e historia, lo mucho que me ama, lo cerca que esta de mí, como si de película se tratase mi vida, él se la sabe completa hasta el final, le agradezco todo lo bueno y todo lo malo que me dio en su momento y ahora, por el entendimiento que me ha dado.

En esta parte del texto me gustaría agradecer, a esas personas que en verdad considero mis amigos mis amigas, ellos saben muy bien quienes son, tampoco no quiero mencionar nombres, no quiero pelear o que alguien se sienta ofendido o mal, mi intención con este texto es pura, la verdad confió mucho en todos ustedes y créame cuando les digo que por ustedes haría lo que fuera, literalmente lo que fuera, ustedes me han demostrado que son fieles a mí, y yo fiel a ustedes, y tal vez pase más tiempo con algunos pero es como las plantas entre ustedes tengo amigos cactus y amigos orquídeas y tal vez no me hablo con algunos de los miembros de este club pero una cosa les digo creerme que aún estado en esa situación aún los amo y mi idea de ustedes no ha cambiado pero creerme cuando lo digo si me necesitan ahí estaré para ustedes, sin importar que sea, porque ustedes son mi tesoro, mi gran fortuna aquella que no quiero perder.

En esta siguiente parte del texto me gustaría ofrecerles perdón, a todo aquel que herí a lo largo de este año, si me di cuenta o no me di cuenta , a veces o bueno la mayor parte del tiempo, no me doy cuenta ni de que estoy diciendo ya sea porque estoy molesto, y creerme cuando digo que me arrepiento de lo que hice de la misma manera les diré que soy una persona que se aguanta mucho las cosas y jamás he explotado tanto o bueno eso es lo que yo creo, el día que lo haga no parare, no quiero que nadie conozca ese lado tan tenebroso, por eso opto mejor por guardármelo y comienzo a picar cebolla, pero de corazón digo si yo dije o te hice algo malo perdón por lastimarte por haberte fallado no fui mi intención y solo espero que algún día puedas perdonarme.

Esta parte del texto va dirigida a ti, te conocí de pura sorpresa, casualidad, de pura suerte, de milagro, algo increíblemente bueno debí haber hecho en mi otra vida, para que una persona como tú me allá encontrado, en el poco tiempo de conocernos te agarre un inmenso cariño, me has demostrado con hechos no solo con palabras que aquí estás conmigo, que si me pasa algo a ti será a la primera persona que voy a recurrir y no se me ofenda nadie, te agradezco mucho todo lo que has hecho por mí, y tu más que nadie sabe que no me iré de tu lado bueno al menos que así lo desees pero aun así va estar difícil que logres sacarme, realmente no hay nada que ya no te haya dicho antes y es que no solo lo digo, lo pienso y lo creo, espero que aún me sigas acompañando en este 2020 y todos los que están por venir.

Desde que comenzó esta travesía de contar como vivo mi año siempre decía quiero escribir un libro, podría hacer un libro, tengo tanto que contar que lo haré libro, hasta que un día en el mes de diciembre empecé a escribir mi propio libro, mi propia creación que denomine como "mi pequeña gran casualidad" me siento muy emocionado por todo lo que le escribo al confesionario perfecto, que espero algún día publicar para ayudar a otros chicos o chicas como yo.

Gracias a todos los que estuvieron en mi año 2019, les agradezco lo poco o lo mucho que compartimos juntos y a las personas que se fueron igual les agradezco por todos los buenos momentos y ya tendremos una plática, pero eso si les deseo lo mejor en sus viajes atreves de esto que llamamos vida.

Escritos Con Vida

Mi Mayor Enemigo

Que puedo decir de este compañero de vida, que tanto me ha limitado,

Me alejado de tantas buenas experiencias en mi vida, de tantas únicas oportunidades, solo por no creer en mí mismo, como te odio querido miedo, tu aquel que me arroja a la oscuridad que tanto me reclama y a los malos pensamientos, desmotivacionales, que solo me hacen pensar que soy una basura, si conocimiento alguno, que jacta de ser perfecto, y ese es el error queridos, nadie es perfecto todos tenemos errores, que levante la mano aquel que no ha cometido error en la vida,

Sin embargo, viejo amigo ahí estas amargándome la vida con tanta inseguridad y esta vez te otorgo ganada la batalla, pero no la guerra. Me haré fuerte, te venceré, con cada aliento de voluntad y superación, tengo claro que no podre destruirte, pero no dejare que me domines, que me controles, yo soy el único que maniobra este barco, guiado claro por el más grande sabio mi padre, mi señor dios, aquí y ahora te digo señor miedo,

No te dejare crecer más, no dejare que sigas corrompiendo tantos sueños y metas, no dejare que la desesperación me consuma, me voy a superar y no lo haré porque sea lo correcto, sino lo haré porque quiero ser libre y realmente feliz, romper por una vez por todas estas cadenas pesadas que me atormentan y cuando por fin logre eso , querido miedo no habrá rastro de que alguna vez estuviste obstaculizándome, solo se podrá ver la apariencia de una gran persona, valiente que lucho contra marea, que llego a la costa más bonita de su vida.

"A Ti Miedo Cuídate De Mí, Porque Te Mandare A Un Lugar Donde Ya No Podrás Regresar"

Diamante

Nuestras memorias, comenzaron en una escuela normal,

En un salón de clases cualquiera, con alumnos comunes, que al pasar de los días se convirtieron en amigos, pero en especial lo que hoy vengo a contar es como conocí a mi mejor amiga, una niña tan linda, una niña tan pura y tan buena que le alegraría la existencia a cualquiera con su mera presencia, recuerdo que estábamos por entrar a la clase de inglés, recuerdo que ese día el maestro nos acomodó según a nuestro desempeño, coincidimos con el mismo puntaje, una casualidad tan hermosa, quien diría que en tan poco tiempo, me encariñaría con una persona a tal grado, y eso que no soy demasiado fácil de ganar, una más de mis debilidades, recuerdo que no parabas de hablar de lo bonito que era el maestro, también recuerdo que llegaste a preguntar que tanto era eso que decía el maestro en ese idioma, que para ese entonces era complicado, y te dije medio le entiendo pero en realidad no puedo identificar lo que quiere decir en verdad,

Agarre y te dije prestemos atención como si le entendiéramos para que no, nos pregunte, y es que es así eso solo fue el principio de una bonita y larga ruta llamada amistad, recuerdo mucho la primera vez que te invite a mi casa a ver un par de películas, no sabía qué hacer, así que hice lo que cualquier chico de mi edad podía hacer por una amiga, la cual quiere mucho, te llene la cama de un motón de chucherías, estabas feliz podría verlo en tus ojos,

Es más había hasta tu helado favorito como olvidarlo el de queso y zarzamora, como estas hubo muchas, las cuales no pienso olvidar, ni me permito hacerlo, en todas me divertí bastante, las veces que cocinábamos en mi casa fueron y serán unos muy bellos momentos que siempre recordare, las veces que jugamos voleibol en la calle de tu casa, son para mí, mi mayor recuerdo, lo más bonito y preciado que tengo, hace un 22 de junio de 2018, un día como hoy,

Nos hicimos mejores amigos y créeme no estoy arrepentido de nada , desde que llegaste a mí, te has vuelto una pieza en este rompecabezas que es mi vida, con toda sinceridad te digo no te cambiaría por nada, porque como he dicho no hay nadie igual a ti, eres mi hermana, y créeme que por mi familia haría lo que fuera, lo que fuera , desde ese cruce de caminos no he hecho otra cosa más que agradecer que hoy por hoy estés en mi vida, el mayor miedo que tengo es que un día te aburras de mí y me olvides o simplemente me dejes de hablar, te necesito, la verdad que soy muy afortunado de tenerte como amiga que digo amiga como mi mejor amiga, es así , nunca te abandonare, no te dejare sola,

Yo vine a quedarme y no pienso irme a ningún lado, confió mucho en ti, mi diamante, sabes creo mucho en ti, sé que llegaras hacer muchas cosas y lograras cumplir todos tus objetivos, eres una excelente alumna y me consta, aprendes muy rápido, yo sé que lograras cosas muy grandes, eres capaz de lograr todo aquello que te propongas,

Tu misma te pones los limites hasta donde quieres llegar, créeme y te lo digo con toda honestidad y sinceridad, tienes todas las capacidades para alcanzar tus metas, sigue soñando y quiero que sepas que lo digo de buena manera, recuerda que los sueños se hacen realidad solo necesitan personas como tú,

Que crean que si se puede y que todo esto no es más que un juego mental, si uno lo cree todo es posible, tú puedes sal y conquista este mundo, estoy muy orgulloso de ti, de quien eres y de quien te convertirás en un futuro, te adoro, te quiero, solo me queda decir gracias, por tanto, te agradezco, por todo lo que alguna vez hiciste por mí, cuídate mucho y aunque nuestros caminos estén separados.

"Recuerda Que Siempre Tendrás A Un Amigo, A Un Hermano"

Sin Rumbo

Nunca me había sentido tan solo como en aquel día,

 Estábamos en fechas de fiestas de diciembre, siempre para esas noches me siento solo, pero como digo nunca me había sentido tan solitario, tanta tristeza, pensaba en que muchos de mis amigos, estarían con sus novias y novios o sin ir tan lejos pasando navidad y año nuevo con camaradas,

Pero yo no , a mí nadie me llama, a mí nadie me dice felices fiestas al menos, siempre soy yo el que lo anda diciendo y sabes a veces necesito que alguien me lo diga, recuerdo que aquel día estaba limpiando mi casa, era un día bastante normal , luego llegaron a mí un millón de inseguridades, si es que acaso esta niña está jugando conmigo, que solo soy uno más de sus juguetes y es que me sentí horrible cuando no me invito a mi para aquella noche, sino la vi sonriendo con alguien más en la pantalla de mi celular, de repente empecé a ver las veladas de todos mis conocidos y me sentí más solo, me sentí mal literalmente no tenía a nadie, con quien pasar un buen rato, que no tenía eso que todos tenían, y que tan yo envidiaba, lo deseaba y lo deseo tener a alguien con quien compartir mi vida, hasta ese punto aún no soltaba ninguna lágrima, hasta que llego la gota que derramo el vaso una canción la cual lleva por título,

"Air Supply - Making Love Out of Nothing at All"

Que me rompió, me dejo muy roto, a tal grado que no pude más me quedo quieto completamente inamovible, parecía que estuviera regando las flores, no paraba de llorar, fue un día tan amargo, tan doloroso, me sentí muy vacío y ahí me di cuenta de algo de lo mucho que dependo de las personas, de lo mucho que las quiero, y del poco interés que me tienen para algunas obviamente no todas, solo espero queridos aquellos que se burlaron o se burlaran espero en realidad nunca pases esta soledad, que si igual y no es para tanto pero me dolió como no lo puedes imaginar, ahora sé que no debo depender de nadie,

Mi felicidad solo debe de pender de mí, con esto no quiero decir que me volví frio no para nada con esto quiero decir que no buscare mi felicidad en alguien más, lo que haré es encontrar con quien yo pueda compartir mi felicidad y mi vida, claro está y viceversa.

*"Te Encontrare Mi Pequeño Navío O
Quien Sabe A Lo Mejor Tú, Encuentres
Primero Al Faro De La Costa"*

Amor

A Darle Vida A Lo Que Estaba Muerto

Volviste a mí, a formar parte de mi vida,

No te mentiré déjame decirte que aún guardo sentimientos por ti, fuiste la primera persona que me enseño lo que es querer a alguien y darlo todo por ese alguien sin importar quién nos vea, te escribí cartas, muy lindas cartas, que nacía de mi corazón para ti, de lo que yo sentía o más bien siento por ti, aún te quiero de una manera inolvidable, siento que me quieres en tu vida, dando pistas , pequeñas , como si de rumores se tratase, para que mi persona le dé la atención y vaya que lo has logrado, quiero darnos la oportunidad de brillar juntos de nuevo, a lo mejor no quieras porque crees que no me mereces , porque te conozco y sé lo mucho que te haces menos, pero créeme yo siempre estaré para ti, y no como amigo, quiero ser más que tu amigo y sé que tú también lo quieres, creo que el miedo no nos deja actuar, créeme haré todo lo posible para que esta vez en verdad funcione , para que todo esto vuelva hacer un nosotros porque bien como dice la canción.

"Y A Tus Cenizas Convertir En Fuego"

Creme que ya está hecho quiero y lo haré luchar por ti de nuevo, sé que dije que me rendí, pero no, hoy veo que un no, un no, no es la repuesta, bien lo dice mi futura suegra

*"Esto Es Para Valientes No Para
Cobardes"*

Y claro que lo sé este mundo es de los que
se arriesgan, también algunos dirán que de
valientes está lleno el cementerio, pero es
una ideología muy negativa y sé que este
no es el caso, yo sé que podemos volver a
hacer naranjada para toda la vida, mi
estrella fugaz a lo mejor me confundí de
astro y seas mi mundo, mi todo, bueno si
así tú lo deseas.

*"Era La Persona Más Linda Que Pude
Conocer, Era Todo De Hecho, Espero
Algún Día Juntos Volver A Estar"*

Amor

El Verdadero Amor

Es sencillo y sin complicaciones,

El verdadero amor se entrega generosamente, es una donación desinteresada, es dar lo mejor de sí mismo, sin esperar nada a cambio, es buscar el bien del ser amado, es ser feliz por el mero hecho de ser feliz con el ser amado, amar es comprometerse, sin garantías, entregarse completamente, con la esperanza de que el amor nazca del ser amado, así de simple, así de directo, así de comprometedor.

Difícil tal vez, pero es mejor esforzarse , trabajar y luchar por vivir en el amor, que conformarse con una ilusión de mera fantasía, que se presenta fácil y atractiva, como el amor por simple hecho del físico, o el amor de intercambio por el hecho del puro disfrute y satisfacción, hábilmente disfrutado, con algunas de un par de máscaras, pero que con la misma que llego se ira sin dejar rastro, ni rumbo aparente, dejando un gran vacío y una insatisfacción.

"Porque Solo Fue Eso Una Máscara, Una Ilusión"

Desamor

No Puedes Hacer Que Alguien Te Ame

Pará la mayoría de las mujeres nosotros los hombres solo somos un juguete,

 Algo con la que pueden jugar y romper sin que existan consecuencias, y luego dicen que porque nos convertimos en cabrones y yo digo no somos nosotros, nosotros damos de todo, lo damos todo por esa chica, ellas son las que fracasa, algunos les consume tanto el dolor que prefieren acabar con sus vidas, otros aprenden y dice ok ellas jugaron conmigo yo lo haré con ellas, ahí se va la menoría de chicas buenas que aún quedan,

Luego este el pequeño grupo de hombres donde claro entró yo, este pequeño grupo se caracteriza de hombres que no se rinde, aún creen en la buena mujer que llegará a sus vidas pero son desesperados, y vuelven a caer en la misma piedra, en la misma cara pero con diferente nombre y apellido, algunos ya encontraron su media naranja otros como yo aún siguen en esta misión de búsqueda y rescate, encontrando al amor de mi vida, ahora mi pregunta es será que todas esas mujeres que alguna vez les rompieron, me rompieron el corazón,

¿Se estarán arrepintiendo? O dirán pobre imbécil se creyó todo el cuento de que lo amaba, a veces ese pensamiento no me deja tranquilo, a veces no me deja ni dormir, la vida es así de peligrosa y divertida a la vez.

Algún Día Superaremos Todo Esto,

Juntos"

Fuck
Reality

Diez Reglas Que Rigen Mi Vida

1. *"Lucha Hasta Que Te Falte El Aire"*

Si tienes una meta, un sueño, una idea, llámalo como quieras, ese algo que te da esa pasión, no lo dejes, no lo abandones, como la regla lo dice lucha y no dejes de luchar por todo eso que amas, por todas esas decisiones, y no lo hagas por alguien más o para que los otros te vean de diferente manera, hazlo por ti, para sentirte bien contigo mismo, te toparas con mucha gente entre ellas buenas y malas, solo ten cuidado ¿quién sabe? Algún día puede y te tome de sorpresa te encuentres con un lobo vestido de oveja, llegaran a ti personas malas, frustradas, con falta de visión, a querer arruinar tus aspiraciones, a querer hacer literal cenizas tus sueños , a querer pisarte y dejarte tan vacío hasta perder todo sentido de esperanza, pero no flanquees, has caso omiso, a todas esas personas negativas, que nada bueno le trae a tu vida, eres grande, eres una increíble persona, vale ni siquiera te conozco , pero algo sí sé, es que cada persona es especial a su modo, y eso es lo que hace único a una persona, amate, déjate querer, pero sobre todo no te rindas por el camino, si has empezado algo, no lo dejes, continua hasta acabarlo, hasta no ver los buenos frutos de aquello que has sembrado, no seas uno más del montón, querido lector, se tú, se loco, se creativo, tú sabes que yo sé qué harás cosas increíbles, hay un futuro exitoso esperándote, falta que tú le pongas tu sabor de magia y des el todo por el todo.

2. *"Intentarlo Y No Hacer Nada Es Lo Mismo"*

Nosotros los seres humanos, somos complicados, difíciles de entender, más el lado femenino, en todo lo que llevo en este viaje llamado vida, caí en cuenta que la mayoría de las veces decía mal las cosas como por ejemplo lo intentaré, claro ya saben el resultado de intentarlo, claro uno termina fallando, puede que antes y después de este texto uses la palabra intentar, pero ya es solo es un error de gramática y no de acciones como antes, si aún no me entiendes de que va la regla te pondré un ejemplo, imagina que estoy a lado tu yo y te digo lo siguiente, intenta mover tu dedo indice y tú por inercia lo vas intentar pero que pasa, afirmativamente lo moverás, pero claro yo no te he dicho muévelo , te dije inténtalo, ya me van entendiendo queridos, a lo que voy con esta regla es que dejes de una vez por todas de usar la palabra lo intentare o vale me

conformo que le hagas como yo que sea
solo un error de gramática, pero has un
esfuerzo para decir, lo haré, créeme que
notaras un gran cambio en tus ganas para
realizar cualquier tarea por más pequeña
que sea.

3. *"Te Dejo Estar Triste Hoy, Si Sonríes Mañana"*

Sabes todos tenemos días malos, y como duelen, vivirlos una y otra vez, recordarlos, que te coman el pensamiento, que tus ganas de dormir desaparezcan , que pases noches totalmente despierto pensando en los problemas, la fuente interminable del mar del sufrimiento, poco recordamos los días buenos, las buenas cosas que nos da la vida, tantas alegrías, tantos bellos recuerdos, porque, porque le damos tanta importancia a un día que nos fue mal, que nos fue fatal, eso es porque valoramos los días buenos y los echamos de menos, todos queremos sonreír, como cuando nos preguntan ¿Cómo estás? Y uno siempre responde bien, cuando en realidad, está pasando por el peor día de su vida, llorar nos hace humanos, demuestra que dentro de nosotros hay sentimientos que moverían un planeta, té dejo que llores si quieres, té dejo que te enfades si quieres, puedes pasar el día lamentándote, pero lo único que habrás conseguido es perder un día maravilloso de tu vida solo habrás conseguido dañarte a ti mismo y a los que te aman, pues el mundo sigue su curso, y tú aunque a veces te sientas fuera de él, tienen la suerte de poder verlo y cambiarlo, aprovecha cada segundo, aprende que todo este dolor te volverá más fuerte con el tiempo, tú puedes campeón, tú puedes princesa.

4. *"La Vida Debe Ser Un Equilibrio Entre Todo Lo Que Te Dio Alas"*

Mantente vivo como el aire ,sabrás que como tú no existe nadie, date cuenta que tú y solamente tú eres único, no hay nadie igual a ti, nadie que iguale tus características, de una vez hazlo agradécele a todas esas personas que estuvieron y que están contigo que nunca te abandonaron y que hoy por hoy siguen a tu lado, a pesar de tus cambios de humor, lo pesado que puedes ser a veces, dales las gracias por no alejarse de tu vida, de quererte así tal y como eres, esa clase de personas son tu verdadero tesoro cuídalos bien porque igual a ellos no encontraras jamás, hoy todos somos luchadores sin rival, todos estamos en una carrera donde la meta es llegar a nuestro propio éxito y con eso no quiero decir que tienes que ganar la millonada no, quiero decir que estudies lo que te gusta, que trabajes donde quieres estar y que sobre todo estés en buenas relaciones con tu familia, en resumidas cuentas que seas muy feliz, pero eso si nunca olvides a las personas que siempre te apoyaron y te dieron ese estímulo para seguir luchando, el mundo está ahí afuera así que aprende del que sabe caminar por una eterna primavera, he conocido gente que con solo verlos a la cara ya te animan, así que aprende a vivir, esquiva a toda a esa gente que cree que estamos en una película de soldados.

5. *"Amate A Ti Primero, Para Asi Querer A Alguien Más"*

Date a respetar no te inclines ni mucho menos entregues más de lo que la otra persona no está dispuesta a dar por ti, porque cuando al fin te des cuenta de tu error ya será demasiado tarde, primero aprende amarte, quiérete tal y como eres, ama cada rincón de ti, y cuando al fin puedas decir y gritar yo soy la persona que más amo en el mundo, créeme ese día querido lector, habrás aprendido lo que es amar, porque no hay algo más bonito que quererse a uno mismo con todos los defectos y virtudes que uno tiene, deja de gritarle al espejo lo mal que te vez y comienza a decirte lo bien que te vez, diciéndote a ti mismo un piropo, habla contigo mismo, y lograras ver un gran cambio a lo largo de los días.

6.   *"Toda Herida, Puede Sanar"*

Todo se supera y no hay herida alguna que dure eternamente., Ni siquiera la de la persona que más te lastimó, Por mucho que cueste, por mucho que duela, volverás a estar bien, siempre tuviste miedo de perder, de no saber vivir sin esa persona. Y ahora que es herida, cuando juró no serlo nunca, duele como nadie había dolido antes. Te anclas a los recuerdos y te engaña el eco de su risa. Piensas en que volverá, que calmara el dolor y todo habrá sido no más que una pesadilla, debes entender que las cosas no funcionan de esa manera, No mereces todo esto, mucho menos morir por alguien, que ha elegido irse y no dejarás que se lo lleve todo. No permitirás que este golpe te robe lo que habías conseguido, Si ha elegido irse, que se vaya, No mires atrás y mucho menos intentes dar media vuelta. Ya no hay nada aquí para ofrecerle y aunque ya no esté sigue viviendo feliz contigo, siempre dicho que la soledad es una buena amiga, a quien puedes visitar debes en cuando, y volverte a encontrar una vez contigo mismo, un tiempo para pensar y volver a luchar, pero recuerda bien no es un familiar con quien puedes quedarte a vivir.

7. *"Cualquier Decisión Que Tomes Es La Correcta, Tú Decides La Fecha De Caducidad"*

Todos hemos tomado decisiones en algún punto de nuestras vidas, déjame decirte que existen las malas decisiones pero la razón de su existencia depende de ti mismo, ¿no me crees? mira déjame decirte en el momento en el que te arrepientes en ese momento deja de ser la mejor opción, llego su tiempo de caducidad, comienzas a decir que porque hiciste lo que hiciste, porque siendo tan mala opción, opte por ella, que pasaba conmigo, tal vez no pensé bien las cosas no querido, esa decisión la tomaste tú , en un momento consciente, tu trazas el camino de tu vida, tú eres el que decide qué hacer con ella por lo tanto, quieras o no todos esos hechos ha formado al hombre, a la mujer que eres hoy, y créeme deberías de estar orgulloso de

quién eres y de quién serás en el mañana,
te prometo, tu historia será inolvidable.

8. *"Ayuda Siempre Que Puedas"*

Ofrece tu ayuda no porque yo te lo esté diciendo, sino porque en verdad te nazca ser así con las personas y más con las que amas, ofrécele tu ayuda a las personas que siempre están ahí contigo, yo puedo decir que si me necesitas dejare todo lo que esté haciendo para ayudarte, tranquilizarte y darte un buen consejo, cuando hablamos tu problema se vuelve mío y no porque me sienta obligado, no es así, sino porque formas parte de las pocas personas que me importan y créeme que daría todo por ti, esas seis personas son únicas, son mi más grande tesoro, mi gran fortuna, con tal de verlas sonreír y sin ninguna melancolía yo haría lo que fuera, yo seré feliz, mientras ellos lo son también, te ayudare sin pensarlo, porque repito quiero verte con una gran sonrisa en el rostro.

9. *"Recuerda De Donde Eres"*

No trates mal a las personas que están ahí contigo que te apoyan cuando la situación se pone difícil, ellos están ahí siempre que te encuentras mal, no se merecen que los trates de malos modos, recuerda todo aquello que formó la persona que eres ahora, dale gracias a tus raíces que fueron las que te enseñaron a diferenciar lo bueno de lo malo, nunca olvides todo lo que tu madre o padre sacrifican por ti, para que tu puedas tener un techo donde dormir, un hogar donde alimentarse y donde bañarse…

Cuando te des cuenta de todo eso aprenderás a valorar lo que para ti era poco, a convertirlo en lo más preciado y único que tienes.

10. *"Eres El Autor De Tu Propia Historia"*

Eres capaz de crear nuevas historias tan reales, porque se trata de tu propia vida, que hablen de logros, de metas, de sueños, de aspiraciones, de nuevas enseñanzas pero sobre todo de lo muy feliz que eres, sigue trazando tu camino igual que hasta ahora, puedo ver que en el futuro serás un hombre , una mujer de bien, y veras todo aquello que juraste tener, lo tendrás, tú pones el fin de la historia pero como te digo nada dura para siempre todo tiene una fecha de caducidad, oye, pero que eso no te desanime, no te cierres al amor, una historia nunca empieza sino antes tiene aún protagonista, se feliz contigo, ya que tú no te abandonas, estoy orgulloso de ti, a por el primer lugar.

"Espero De Todo Corazón, Te Sirvan"

Zona De Quiebre

Alguna vez has tenido esa sensación de que vas a perder a alguien,

Yo sí, es una sensación horrible que espero que nadie que esté leyendo esto experimente, siento que voy a perder a mi niña, a mi amor, se ira y no regresará al menos que yo haga algo ahora, pero no sé cómo, qué hacer cuando no puedes decir lo que sientes por miedo, cuando no son nada, pero ella sabe que tú le gustas ella lo sabe y te confunde diciendo que te ama, que te adora, y claro es muy linda en todos los sentidos, lo que dice, sus acciones, todo contigo y justo cuando piensas que de todo eso puede nacer algo hermoso, te cae el peor golpe de realidad directo al sentido común, y dejas de pensar con el corazón y razonas con el cerebro ahí es cuando el corazón se te hace puré, te rompes, lloras hasta llenar grandes piscinas olímpicas,

Esa noticia dada en aquella noche, en aquel día, no me ha dejado dormir tranquilo, me entretengo haciendo algo pero llega un punto en donde ya no puedes más, llegas a tu limite, y las lágrimas salen por sí solas, y es cuando uno dice porque merezco todo esto, debí ser un tirano en mi anterior vida, debí de haber matado a millones de gentes para merecer, todo este sufrimiento, tú a lo mejor dirás supéralo anda hay un mar de posibilidades, pero déjame que trasmita este pensamiento.

"Nadie Puede Decirte Cuando Debe
Dejarte De Doler,"

Y duele más cuando todas las niñas con las que has tenido una relación te traicionan, por X o por Y razón,

Comienzas a preguntarte acaso, quieren que me vuelva como ellas, un total cabron, no podría nunca, romperle el corazón a alguien, no después de experimentarlo una y otra vez, ese sentimiento, a veces me digo me enamoro de la misma persona, pero con el gran detalle de que tiene otro rostro y apellidos, y yo que creí que podríamos tener algo hermoso, tú y yo, pero me equivoque una vez más.

"Te Deseo Lo Mejor Mi Querida Orquídea"

Desamor

Desolación

Jamás lleno las expectativas de la persona con la que estoy,

O de otro modo no entiendo como siempre me terminan botando, como quien tira un papel usado, jamás entenderé porque el club de las niñas es de esa manera, te ilusionan, te enamoran, te abrazan, te besan, y luego para que, para que en cuestión de segundos y sin previo aviso huyan, agarre todas sus cosas, todo lo que se construyó y se lo lleve todo, junto con ella lleva tu felicidad,

Te conviertes en la persona más amargada del mundo, por días, por meses hasta quizás años, no quieres saber nada del amor, pero atrévete a negármelo que vez a una pareja dándose afecto y te da una envidia porque tú, no tienes eso, que jodido es amar a alguien, que claramente lo único que quería era placer, donde lo único que quería era divertirse, pasar el rato, yo fui el único que se enamoró de verdad, donde esta aquella flama que había al principio, donde están aquellos detalles, aquellas palabras, se volvió todo tan poco romántico, que sin darnos cuenta nuestro amor iba muriendo, Jamás entenderé porque todas las mujeres con las que me cruzo por el camino me terminan dejando, yo que he dado todo por ellas, que he dado más allá del límite, puedo decir con certeza que he quedado tan destruido, tan solo para ver feliz a mi pareja, me imagino que ese es el problema mi entrega de más, estoy demasiado joven para estar sufriendo por amor, para estar rogándole a alguien que se quede,

Eso suena demasiado cliché pero es lo que decimos todos, no importa cuantas veces nos lastime esa persona nunca dejaremos de amarla por lo que una vez fue, por lo que una vez significo y en mi caso por lo que aún siento y vivo, mi otro pensamiento es lo poco que me quiero, la persona que más amo debe de ser yo mismo por muy egoísta que suene, con eso no quiero decir que soy alguien frio, me considero una persona muy sensible, romántica y muy fácil de engañar, mis palabras favoritas son,

"Te Extraño, Quiero Verte, Salimos, Me Encantas, Te Amo, Cuando Vuelvo A Verte..."

Un sin fin más, las un mil maneras de decir te amo, nos enseñaron a acompañar, pero no a vivir en la soledad, en la soledad se dice todo aquello, que pocas veces se hace, donde nace el dialogo interno, donde te pones a pensar en todas esas preguntas que nunca le hallaste solución por estar muy ocupado en otras cosas o en alguien más, en la vida te enseñan a pedir disculpas y en la soledad aprendes a aceptarlas, dejemos de esperar que alguien nos arranque el sentimiento de desolación, nosotros mismos podemos salir de esa jaula, solo está en que nos otros queramos salir de esa cárcel, de esa vida, sal de tu zona de confort aunque sea arriesgado,

Y cuando al fin logres salir nunca querrás volver a aquella vida de amargura, de sufrimiento, la soledad no te cambia solo te dice quién eres.

"La Soledad Es Una Buena Amiga A Quien Puedes Visitar, No Un Familiar Con Quien Puedes Quedarte A Vivir"

Amor

Si Él Hubiera Existiera

- yo te espero, no pasa nada ¿sí? >> enviado
a las 11: 56 pm <<
- me gustas >> enviado a las 11: 58 pm <<
- inicio de llamada telefónica >> a las 12: 09
am <<

En todas las líneas de tiempo habidas y por
a ver,

Una de tantas existe una donde tu y yo
estuviéramos celebrando nuestro 1er
aniversario 17-18 marzo, a veces me
pregunto cómo sería nuestras vidas, si
todo hubiera pasado de diferente manera.
Sabes una cosa vamos a imaginarlo,
recuerdo que hubo un día un amigo me

dijo, que bonitos se ven juntos, se ven toda una pareja divertida, romántica, esa energía que llevaban en aquel día, y las miradas que se lanzaban mutuamente, yo también creo que hubiéramos sido una pareja que al caminar por la calle desprendiera amor, que la gente al solo vernos tendría una sonrisa en el rostro, si por separados ya estamos locos, juntos éramos una máquina de cero aburrimiento, cada cosa que nos inventariamos para disfrutar del estar juntos, yo era muy feliz y por poco modesto que suene sé que también lo eras, en aquel entonces, tan solo verte, ya era motivo de felicidad, tan solo saber que te vería ya me ponía contento desde días antes, fuiste la primera niña, que con certeza puedo decir que me enseñó a querer, llámame loco pero fuéramos la envidia de todos, fuéramos la pareja favorita de todas las personas que conocemos, tan unidos que nada nos separaría, tan fuertes capaces de levantar al otro si se llegara a caer o la oscuridad lo llegase a reclamar,

Él te quiero pasaría a no ser suficiente, y te amo seria la palabra más recurrente en nuestros labios, yo no te cambiaría por nada, todo lo que necesito lo tienes tu y nadie más, me imagino las varias celebraciones a las que pudimos ir juntos y lo bien que lo hubiéramos pasado, te diría nunca dudes porque contigo es donde quiero estar, aunque igual sé que tendríamos problemas, pero como toda pareja normal, los superaríamos, porque el amor lo puede todo y puede con todos lo que estén en nuestra contra, te conozco y me conoces sé que nos apoyaríamos en todo, echándonos porras en cada uno de nuestros sueños, motivándonos mutuamente hasta hacerlos realidad, lo siguiente te lo dejo a tu imaginación.

"Si Esa Línea De Tiempo Existiera, ¿Todo Fuera Tan Diferente?"

Perdida Del Significado

Es triste, escuchar la palabra te amo,

Repetidas tantas veces que pierde totalmente el significado, cuando pierdes esa magia de querer contestar, cuando a pesar del tiempo que pase, ya no sientes que la extrañas y aunque se lo digas solo es por compromiso, ser marchitó de una manera aquella magia que había ahí, pero a lo mejor es porque no están comprometidos en la relación aunque una de las partes lo este, si la otra no lo está, el amor tarde o temprano querrá escapar por la ventana, se ha convertido en tan monótono, que hacer lo mismo, todos los días cansa, llegas a un punto de repetitivo que ya lo ves cómo trabajo, como una obligación, y no por voluntad propia,

Me duele a sobremanera, lleguemos al final de esta historia, al final de este viaje, pero me canse de esperarte, me canse de esperar que te decidas, me canse de esperar que te decidas por mí, y poco a poco, tu misma haces y créeme que lo estas logrando, arrancar cada pieza de amor hacia a ti, y no quiero, no quiero guardarte en mi baúl de recuerdos, quiero que seas para siempre, que mal suena lo de para siempre, una palabra que haría que cualquier huyera, pero yo no, ese siempre será mi problema, querer algo serio, algo estable, algo bueno, eso que me haga sentirme vivo, ser feliz con ella y con nadie más, compartir nuestras vidas y disfrutar de ello intensamente, pero creo que todo eso es pedir mucho de alguien,

Más cuando le gusta jugar a la casita contigo, te dice que solo son amigos, luego te besa y te dice que no lo arruines, que manera tan jodida de joder la mente de alguien, estoy tan dañado que ya no distingo el sarcasmo, a lo mejor querido lector pensaras que soy un exagerado, yo igual lo pensaría, a veces digo:

"Soy El Psicólogo De Todos Mis Amigos,

¿Pero Quién Es Mi Psicólogo?, Y A Veces Me Falta Eso"

No se siempre he creído que las acciones dicen más que mil palabras, pero esta vez es palabras todo lo que me queda, todo lo que puedo recoger, porque ya te llevaste todo, otra vez me dejaron tan seco, ya no tengo idea de cuando me volveré a sanar, acaso estoy destinado a fracasar en el amor, yo que he sido tan bueno, tan leal,

En pocas palabras un pan con todas las niñas con las que me he relacionado, ese es el otro error, me falta ser un poco más duro, jamás podre ser malo con ellas, por más daño que me hagan, nunca podre ser tan cruel y despiadado como lo son las mujeres.

"Yo Era Fuego, Tú Eras Hielo, La Unión
Imposible E Inestable"

Mi Propio Juez

hola querido lector, no sé qué sea eso por lo que estas pasando,

Eso que no te deja dormir en las noches, que te roba el tiempo, hoy vengo a pedirte una cosa, olvida, perdona, pide disculpas, di la verdad, búscala, búscalo, has todo esto que un día te dijeron que no, y hablo de las cosas buenas, las cuales te dijeron que no podías hacer por el hecho de no ser lo suficientemente bueno, nadie absolutamente nadie, puede decirte cuanto vales, ni tu pareja, hermanos, tíos, padres, amigos, conocidos, nadie, solo tu mides que tan valioso eres, que tan único eres,

La increíble persona que eres, que nadie te haga menos, que las acciones sean tu arma, deja que ellos gasten municiones en palabras, porque tú eres inmune, tus acciones hablan por ti, porque tu valentía, tu esfuerzo, tu coraje, tu orgullo, en general tus valores, dejan ver la calidad de persona que eres, y léelo bien , permítete llorar, llorar como he dicho antes es símbolo de fuerza, jamás de una debilidad, es símbolo del gran humano que eres, y que en el fondo de ti, hay sentimientos que moverían un planeta, bota ya ese maldito vaso de agua, que mientras más lo cargues más pesa, más duele, más te lastima, deja de pensarle, permítete ser feliz, permítete disfrutar de ti, déjate querer por las personas que en verdad te quieren,

Si quieres a alguien en estos momentos dice lo, deja de decirte que no lo mereces o no la mereces, deja de hacerte menos tú mismo, eres una persona increíble y créeme la persona que note eso, te amara eternamente, aunque dejen de estar juntos, aunque no se hablen, aquel querer no morirá, te pido se feliz por ti, no por complacer los placeres de alguien más, esto se trata de dos, compartir la felicidad y la vida de ambos para juntos hacer naranjada toda la vida, si aún no estas listo para el amor está bien, tomate un tiempo para encontrarte contigo, enamorarte una y otra vez de ti,

Visitar a nuestra querida amiga la soledad, y cuando al fin estés listo para la batalla, sal de nuevo a luchar, como solo tú lo sabes hacer, dejando aquel doloroso pasado atrás, tal como lo que es pasado, empieza a caminar en el futuro, tu solo escogerás tu destino, no hay nada escrito aún, ni lo habrá por cada día que pase se abrirá un abanico de posibilidades y como siempre, de manera estratégica escogerás la correcta, no importa si cometes uno, dos , veinte, cinco mil errores, el camino a hacia tu propio éxito no tiene por qué ser perfecto, yo sé que tú puedes,

Tárdate todo el tiempo que necesites, hay varias historias que podría contarte pero tardaría años en contártelas todas, pero te daré unos ejemplos, tú crees que el Bill Gates, Steve Jobs, Stephen Hawking, Coronel Sanders, no cometieron un error para alcanzar su éxito, ellos cometieron millones de errores para estar en la sima donde ahora están, claro que no es fácil, pero querido lector nada es imposible, unos podrían decir que está cerca de cero pero sigue sin ser cero vale, si ellos pudieron tu porque no, cree en ti, tienes el potencial para gobernar este mundo si tú quieres, solo toma el coraje, y demuestra lo que le tienes para ofrecerle a este universo, y por último recuerda no has llegado hacer ni la mitad de la persona que llegaras hacer algún día, aunque por el camino que vas lo estás haciendo bastante bien.

*"Quítate De La Cabeza Aquellos Limites
Que No Te Dejan Avanzar Y Cuando Al
Fin Lo Hagas Serás Tu Mejor Versión"*

Mi Playlist Favorita

1. Lúa - Pensando En Ti
2. Kurt - La Mujer Perfecta
3. Piter-G – Quiero
4. Piter-G - Aquella Estrella Fugaz
5. Caztro - Ese No Se Que
6. Caztro - Dos Dos Tres
7. Melendi - La Promesa
8. Mi Sobrino Memo - Solo Te Quiero Para Que Juegues Conmigo (Somos Amigos)
9. Mi Sobrino Memo - Pingüino Rancho
10. Renee – Cohete
11. Koko – Valiente
12. Elton John - I Want Love
13. Hombres G - Si Yo No Te Tengo A Ti
14. Hoobastank - The Reason

Código QR para acceder a la Playlist

Agradecimientos

Hola de nuevo querido lector, espero te haya gustado mi libro, mi vida, mi sueño, esta travesía muy de gran manera muy larga, recordar todos mis momentos tristes, creo que eso fue lo más difícil, ese sentimiento tan horrible, pero lo que más me encanto es relatar y vivir nuevamente mis mejores momentos.

No quiero perder el tiempo y aprovecho el tiempo para dar gracias a todas esas personas que me ayudaron, me apoyaron, en menor a mayor medida, a hacer mi sueño realidad, es ahora en el cual vivo, a motivarme a sobre manera, a seguir escribiendo y no rendirme jamás, a terminar lo que en aquel 2 de diciembre empecé, hoy le doy conclusión, a mi querido libro, mi querida vida sigue.

Agradezco A Mi Madre y A Mi Padre por ser los primeros en apoyarme a realizar mi sueño, por ser los primeros en escuchar mi video de motivación, por decirme que, si puedo, por no dejarme vencer por el miedo al qué dirán, por el cariño y el amor, gracias por hacerme alguien duro, con carácter y sobre todo con valores.

Quiero aprovechar este momento para presentarles a mi tesoro, a mi fortuna, aquellos que nunca quiero perder, por ser tan únicos, por ser auténticos y verdaderos, tan reales, sé que en ellos puedo confiar, que me puedo sostener si algún día me pierdo en la oscuridad, que me reclama tanto que me una a ella, por ellos metería las manos al fuego, arriesgar mi propia vida, si de eso dependiera su felicidad.

Agradezco:

A Estefanía H. Por toda la motivación, el apoyo, las noches acostándose hasta tarde, por estar aquí cuando nadie más quiso y sobre todo por seguir aquí, por confiar, por brindarme tu confianza, por creer en mí, por acompañarme a tomar grandes decisiones en mi vida y en este proyecto que es tan importante para mí, por tu gran tiempo invertido en mí, por tus consejos que me brindaron entendimiento.

A Leonardo R. Por tirarme flores a la cara cada que salíamos del trabajo, muchas gracias por alentarme a terminar mi libro, por preguntarme si ya estaba listo, porque tenías ansias de leerlo, por decirme que soy único, por mostrarme un adelanto de tus próximos proyectos, por aquel discurso de motivación y superación, dado en aquel banco por la calle.

A Alejandra S. Por ser una pieza fundamental en mi rompecabezas, por ofrecerme tu ayuda, por darme una gran historia, por darme a entender que no estoy solo, por darme a entender que no todo lo puedo hacer yo, por darme tu confianza, tu forma de ser a veces un poco dura ayuda a ver más allá de iceberg y que cualquier iceberg volvería hacer agua.

A Estefanía G. Por ser esa clase de amiga que da consejos que nadie más te daría, y vaya que eres muy sabia, y aunque no nos veamos a menudo sé que siempre tendré a una amiga incondicional en ti, por ayudarme a ver desde otra perspectiva, por preocuparte en aquel día en que casi me asaltan, por no dejarte llevar de lo que otros dicen de mí, .

A Gabriela C. Porque a pesar de que ya no estudiaba con ustedes me seguía hablando, por el humor tan sarcástico que te tienes, que claro muy pocas personas entienden, por responderme las dudas y preguntas que no tenían una solución, por ser en su momento mi psicóloga cuando no podía con tanto problema, por ser la única que se acercó en ese amargo día.

A Amayrani O. Porque a pesar de los problemas, de los cambios de humor, aún sigue aquí, por ser mi amiga, mi querida hermana, por tus consejos que no hacían otra cosa que ayudarme a pensar en quien me quiero convertir, muchas gracias por tu paciencia, por soportar a este amargado, por permitirme ser parte de tu vida, por enseñarme lo que es una amiga de verdad.

Aprovecho para decir queridos que los amo y que enserio no quiero perderlos, ustedes me han demostrado lo que es tener a grandes personas en mi vida, son las mejores personas que jamás he conocido, cada uno de ustedes me enorgullece, espero de todo corazón seguir viéndolos crecer y volverse la mejor versión de ustedes, mucho éxito en el camino que les toque vivir, tienen mi apoyo incondicional.

Mi Libro

"Mi pequeña gran casualidad"

Escritos con vida

Ella es increíble, tiene una sonrisa que motiva a otros a sonreír, con solo verla ya te anima, el brillar de sus ojos son únicos, cada vez que te cuenta una anécdota brilla más que una estrella, cada vez quiere llegar a lo alto, pero es que ya está ahí, de ahí nadie la baja, cuando se duerme es la cosa más tierna, pero que no te engañe sigue siendo muy peligrosa, ella es lo mejor que tengo en la vida.

Martin Jesus Ordaz Fuentes, nació en México en el estado de campeche en la fecha del 3 de abril de 2000, en el año en curso 2020, le fascina jugar a videojuegos, cantar, leer, sobre todo y lo más importante escribir, su otro gran sueño es publicar este y cada vez más libros para ayudar a jóvenes como el, que entiendan que no están solos, juntos somos una multitud, una gran voz, todo es posible y que no existen los límites.

POR CIERTO QUERIDO LECTOR TE PIDO UNA DISCULPA SI SE ME PASO CUALQUIER TIPO DE ERROR DE ORTOGRAFÍA O DRAMÁTICA, TE PROMETO QUE MEJORARÉ

¿Fin? *Eso ya lo veremos.,*